Eine Arbeitsgemeinschaft der Verlage

Böhlau Verlag · Wien · Köln · Weimar
Verlag Barbara Budrich · Opladen · Toronto
facultas.wuv · Wien
Wilhelm Fink · München
A. Francke Verlag · Tübingen und Basel
Haupt Verlag · Bern
Verlag Julius Klinkhardt · Bad Heilbrunn
Mohr Siebeck · Tübingen
Nomos Verlagsgesellschaft · Baden-Baden
Ernst Reinhardt Verlag · München · Basel
Ferdinand Schöningh · Paderborn · München · Wien · Zürich
Eugen Ulmer Verlag · Stuttgart
UVK Verlagsgesellschaft · Konstanz, mit UVK / Lucius · München
Vandenhoeck & Ruprecht · Göttingen · Bristol
vdf Hochschulverlag AG an der ETH Zürich

Uni Tipps

herausgegeben von Helga Esselborn-Krumbiegel

Ulrike Lange

Fachtexte

lesen – verstehen – wiedergeben

Ferdinand Schöningh

Die Autorin:
Dr. Ulrike Lange ist Dozentin und Beraterin für wissenschaftliches, kreatives und berufliches Schreiben. Sie arbeitet am Schreibzentrum der Ruhr-Universität Bochum und hat an den Universitäten Köln und Mainz russische Literaturwissenschaft gelehrt. Publikation in Literaturwissenschaft und Schreibdidaktik / Schreibforschung.

Online-Angebote oder elektronische Ausgaben sind erhältlich unter **www.utb-shop.de**

Bibliografische Information der Deutschen Nationalbibliothek

Die Deutsche Nationalbibliothek verzeichnet diese Publikation in der Deutschen Nationalbibliografie; detaillierte bibliografische Daten sind im Internet über http://dnb.d-nb.de abrufbar.

© 2013 Ferdinand Schöningh, Paderborn
(Verlag Ferdinand Schöningh GmbH & Co. KG, Jühenplatz 1, D-33098 Paderborn)

Internet: www.schoeningh.de

Printed in Germany.
Herstellung: Ferdinand Schöningh, Paderborn
Einbandgestaltung: Atelier Reichert, Stuttgart

UTB-Band-Nr: 4002
ISBN 978-3-8252-4002-8

Inhalt

1 Lesen in Studium und Wissenschaft

Lesen spielt in Studium, Wissenschaft und Beruf eine große Rolle: Durch Lesen lernen Sie Fachinhalte kennen, erfahren von den neusten Forschungsergebnissen, bekommen Einblicke in wissenschaftliche Kontroversen. Durch die Auseinandersetzung mit Fachliteratur können Sie Ihre eigenen Gedanken zu einem Thema entwickeln und erhalten Anregungen für Ihre Forschungen. Mit Bezug auf das Gelesene können Sie schließlich Ihren eigenen Text schreiben und sich so an der Diskussion in Ihrem Fach beteiligen.

Das Lesen kann jedoch auch zu einer Last werden: Viele Studierende klagen über den Druck eines hohen Lesepensums oder sind durch die Plagiatskandale der letzten Jahre verunsichert. Vielleicht stellen auch Sie sich manchmal Fragen, wie ich sie häufig bei der Beratung von Studierenden höre: Wie soll ich mit den gelesenen Texten in meiner Hausarbeit umgehen? Was ist erlaubt, was nicht? Wie verstehe ich schwierige Texte? Wie bringe ich Ordnung in all die gelesenen Informationen? Und wie soll ich den Berg von Büchern bewältigen? Um Antworten zu finden, lohnt es sich, wenn Sie sich mit dem Thema Lesen beschäftigen und Ihre bewussten und intuitiven Lesestrategien erweitern, um sie an die Anforderungen im Studium anzupassen. Effektive Lesestrategien und Sicherheit bei Textverständnis und Textwiedergabe gehören zum grundlegenden Handwerkszeug und können viel dazu beitragen, dass Sie Erfolg und Freude bei der Auseinandersetzung mit Fachliteratur haben.

In diesem Buch finden Sie Anleitungen und Informationen, um sich dieses Handwerkszeug am Anfang des Studiums systematisch anzueignen. Wenn Sie bereits in einer späteren Studienphase sind, kann es Sie dabei unterstützen, Ihre Arbeitsweise zu überprüfen und möglicherweise zu verändern, um größere Projekte zu bewältigen, wie etwa eine Masterarbeit oder eine Dissertation. Neben den passenden Arbeitstechniken spielt bei der Weiterentwicklung der Lesekompetenz aber auch das Üben eine große Rolle. Geben Sie sich selbst die Lizenz, das Lesen zu üben und so Ihre Fähigkeit zu verbessern, wissenschaftliche Texte zu verstehen. Lassen Sie sich dabei von Ihrer fachlichen Neugierde motivieren und entwickeln Sie sportlichen Ehrgeiz, wenn Sie einen Text nicht auf Anhieb mühelos verstehen!

1.1 Gebrauchsanleitung für dieses Buch

Je nach Fach, Aufgabe, Arbeitsbedingungen und Vorlieben können unterschiedliche Arbeitstechniken für Sie geeignet sein. Deshalb finden Sie in diesem Band nicht nur eine einzige Anleitung, sondern ein Baukastensystem mit bewährten Techniken, aus denen Sie je nach Situation und Anforderungen Ihre individuelle Arbeitsstrategie zusammenstellen können. Probieren Sie verschiedene Vorschläge aus und wählen Sie das, was am besten zu Ihnen, Ihrem Fach und Ihrer Aufgabe passt. Damit Ihnen das gelingt, finden Sie Übungen, Anregungen zur Reflexion und Listen mit Kriterien für Ihre Entscheidungen.

Das Buch ist so aufgebaut, dass Sie es unterschiedlich lesen können: vollständig oder selektiv, zur Information oder als Arbeitsbuch, im Selbststudium oder im Rahmen einer Lehrveranstaltung:

Wie Sie dieses Buch lesen können

- Wenn Sie eine grundlegende **Einführung in das Thema wünschen** und ausreichend Zeit haben, können Sie das Buch vollständig von vorne nach hinten durcharbeiten. Wenn Sie zudem die beschriebenen Übungen machen, ergibt sich ein Selbstlernkurs.
- Wenn Sie ganz **konkrete Fragen zum Umgang mit wissenschaftlichen Texten haben** und unter Zeitdruck stehen, können Sie mit den Kapiteln anfangen, die Ihre Fragen berühren, und das Register nutzen, um die Passagen zu finden, die für Sie interessant sind.
- Wenn Sie schon Erfahrungen mit dem Lesen wissenschaftlicher Texte haben und Ihre **Vorgehensweise optimieren wollen**, können Sie das ganze Buch überfliegen, um herauszufinden, welche Aspekte nützlich für Sie sind, und diese Kapitel dann gründlicher lesen.
- Wenn Sie **an einer konkreten Hausarbeit oder einem wissenschaftlichen Projekt arbeiten**, können Sie sich je nach Phase die Informationen, Arbeitstechniken und Übungen heraussuchen, die für Sie gerade aktuell sind.
- Wenn Sie eine Lehrveranstaltung oder ein Tutorium leiten und **Anregungen für Ihren Unterricht suchen**, können Sie sich zuerst die Übungen und die Vorschläge für das Lektürejournal ansehen.

1.2 Grundprinzip: nacheinander statt gleichzeitig

Arbeitsschritte, die Sie wahrscheinlich häufig gleichzeitig machen, finden Sie in diesem Buch nacheinander dargestellt, z. B. lesen, Notizen machen, Texte verstehen usw. Natürlich ist es in der Praxis nicht möglich (und nicht sinnvoll!), das Lesen und Verstehen eines Texts voneinander zu trennen. Die Tätigkeiten lassen sich jedoch genauer darstellen, besser verstehen und gezielter üben, wenn sie getrennt betrachtet werden. Dieser Aufbau ermöglicht Ihnen zudem, nur die Abschnitte zu lesen, die für Sie besonders interessant sind, und Themen zu überspringen, bei denen Sie keine Verbesserung Ihrer Vorgehensweise suchen.

An vielen Stellen schlage ich Ihnen aber auch vor, bewusst bestimmte Arbeitsschritte nicht gleichzeitig, sondern nacheinander anzugehen (z. B. einen Text erst durchlesen und dann unbekannte Begriffe nachschlagen oder erst die Inhalte aus der Fachliteratur zusammenfassen und dann die eigenen Gedanken dazu formulieren). Auf den ersten Blick mag das zeitintensiv wirken. Wenn Sie diese Strategie der Entzerrung ausprobieren, werden Sie aber vielleicht feststellen, dass Sie Zeit einsparen, weil Sie sich besser auf eine gedankliche Tätigkeit konzentrieren können und genau wissen, was Sie tun wollen. Zudem können Sie wahrscheinlich auch eine Steigerung Ihres Textverständnisses und der Qualität der Texte beobachten, die Sie schreiben.

Einige Phasen bei der Auseinandersetzung mit Fachliteratur unterscheiden sich auch so grundlegend voneinander, dass es nicht sinnvoll ist, sie gleichzeitig durchzuführen. So trennt der amerikanische Schreibdidaktiker Peter Elbow z. B. zwischen dem **„believing game"** und dem **„doubting game"** (Elbow 2008). Er empfiehlt, beim Lesen eines Texts zuerst davon auszugehen, dass dieser verständlich und richtig ist; selbst dann, wenn er Ihnen sehr schwierig erscheint oder nicht Ihren bisherigen Vorstellungen zum Thema entspricht. Mit dieser Haltung stellen Sie sicher, dass Sie all Ihre Energie auf das Verstehen verwenden und sich keinen positiven Ansatz in dem Text entgehen lassen. Ebenso wichtig ist es anschließend, prinzipiell alles in Frage zu stellen, was Sie gelesen haben und nichts ohne Prüfung zu akzeptieren. Mit dieser Haltung stellen Sie sicher, dass Sie sich mit dem Gelesenen kritisch auseinandersetzen, eine eigene Position dazu entwickeln und Ansatzpunkte finden, um es weiterzudenken. Die Trennung zwischen wohlwollendem Verstehen und kritischer Auseinandersetzung wird Ihnen in diesem Buch auf unterschiedlichen Ebenen beim Umgang mit wissenschaftlichen Texten begegnen.

1.3 Das Lektürejournal

Neben vielen Übungen finden Sie in diesem Buch Anregungen für das Führen eines Lektürejournals. Während sich die Übungen unmittelbar auf die behandelten Inhalte beziehen und häufig auch als Beispiele dienen, können Sie die Anregungen zum Journalschreiben für Ihre eigenständige Beschäftigung mit Texten in Ihrem Studium einsetzen und so die neuen Arbeitstechniken in Ihre alltägliche Praxis übertragen.

In dem Lektürejournal schreiben Sie über das, was Sie lesen, und verbinden so das Lesen von Anfang an mit Schreiben und der Entwicklung eigener Gedanken. Das Journal ist Ihr privates Notiz- und Arbeitsbuch, das Sie natürlich auch verwenden können, um die Übungen in diesem Buch zu lösen. Es unterscheidet sich deutlich von Texten, die Sie später zur Bewertung abgeben: Sie schreiben es freiwillig und nur für sich selbst. Es ist nicht notwendig, dass jemand anderes es liest oder korrigiert; sein Nutzen entsteht dadurch, dass Sie es führen. Das macht Sie ein Stück weit unabhängig von einer Betreuung durch Ihre Lehrenden.

Das Lektürejournal kann unterschiedliche Funktionen erfüllen; entscheiden Sie selbst, welche Sie einsetzen wollen:

- **Reflektieren:** Durch Notizen über Ihre Leseerfahrungen und Ihre Auswertungen der Arbeitstechniken und Übungen aus diesem Buch können Sie herausfinden, welche Strategien am besten für Sie geeignet sind.
- **Arbeiten und üben:** Das Schreiben über Fachtexte kann Ihnen helfen, sie zu verstehen und sich kritisch mit ihnen auseinanderzusetzen. Gleichzeitig üben Sie, die Inhalte in eigenen Worten zu formulieren und bereiten so eine Hausarbeit oder eine Klausur vor. Wenn Sie während des Lesens für eine Hausarbeit Journal führen, können Sie später beim Schreiben Gedanken und möglicherweise auch vorformulierte Textteile weiterverwenden.
- **Organisieren und planen:** Im Journal können sie planen und dokumentieren, was Sie lesen wollen und was Sie gelesen haben. So können Sie den Überblick über Ihre Leseaufgaben und Ihren Lesefortschritt behalten.

Damit das Führen eines Lektürejournals nicht mühselig wird (und Sie es deshalb aufgeben), ist es wichtig, dass Sie sich beim Schreiben nicht zu sehr anstrengen und eine eher informelle Sprache verwenden, wie in einem Brief an gute Freunde oder einem Tagebuch. Für den positiven Effekt ist es nicht notwendig, dass Sie sich bemühen, wie in einer Hausarbeit die

Wissenschaftssprache zu verwenden. Ganz im Gegenteil sind im Journal Ihr eigener Stil und Ihr persönliches Engagement für die Inhalte gefragt.

Je nach Ihren Vorlieben und Zielen kann das Lektürejournal unterschiedliche Formen annehmen:

- **Kladde/Notizbuch:** wenn Sie gerne mit der Hand schreiben, das Lektürejournal bequem überall mit hinnehmen und unabhängig von Strom und Technik sein wollen. Sie können später besonders wichtige Seiten kopieren und neu ordnen.
- **Ordner oder Kartei:** wenn Sie zwar gerne mit der Hand schreiben, aber nicht immer ein Notizbuch mit sich tragen wollen. Vorteil: Sie können sowohl handschriftliche als auch ausgedruckte Texte oder Kopien verwenden, Ihr Material in unterschiedlichen Rubriken einheften und die einzelnen Einträge für die Weiterverwendung neu ordnen.
- **Datei oder Notizsoftware:** wenn Sie viel am Computer arbeiten oder immer einen Laptop oder ein Tablet bei sich tragen. Vorteil: Sie können Textteile unmittelbar in andere Dateien kopieren und Ihr Lektürejournal mit einem Literaturverwaltungsprogramm verbinden.

Egal, wie Sie sich entscheiden: Wählen Sie einen festen Ort für Ihre Aufzeichnungen, damit alles beieinander ist und Sie nichts verlieren. Datieren Sie die einzelnen Einträge und notieren Sie immer die Literaturangaben der Texte, über die Sie schreiben. Wenn Sie zusätzlich die Seiten nummerieren, können Sie zur Auswertung ein Inhaltsverzeichnis anlegen und so wichtige Einträge schnell wiederfinden.

Beginnen Sie am besten jetzt gleich das Lektürejournal und bereiten Sie sich darauf vor, dieses Buch zu lesen:

Übung Lektürejournal

Schreiben Sie darüber, mit welchen Erwartungen Sie das Buch gekauft oder ausgeliehen haben: Gab es einen bestimmten Anlass? Was wollen Sie erfahren? Welche Fragen haben Sie? Wie viel Zeit wollen Sie mit dem Buch verbringen? Wie ist Ihr erster Eindruck? – Sehen Sie jetzt noch einmal die Lektürevorschläge in Kapitel 1.1 an und entscheiden Sie, wie Sie das Buch lesen wollen.

2 Lesen und notieren

Im Studium lesen Sie mit unterschiedlichen Zielen: Sie lesen, um sich neues Fachwissen zu erschließen, sich auf Seminare vorzubereiten, für Klausuren oder mündliche Prüfungen zu lernen und um Material für schriftliche Arbeiten zusammenzutragen – für Essays, Hausarbeiten, Abschlussarbeiten oder für wissenschaftliche Publikationen. In allen Fällen untergliedert sich das Lesen in mehrere Aufgaben: Texte finden, ein Leseziel festlegen, eine Technik zur Textbearbeitung wählen, die für Sie relevanten Informationen aus dem Text auswählen und schließlich die Informationen so ablegen, dass Sie sie rechtzeitig zum Lernen für die Klausur oder dem Schreiben der Hausarbeit abrufen können. Um diese Einzelaufgaben geht es in diesem Kapitel. Sie werden sehen, dass Lesen so betrachtet ein sehr aktiver Prozess ist und dass Sie in allen Phasen zwischen unterschiedlichen Arbeitstechniken und Vorgehensweisen wählen können – je nach Ihren Zielen, Neigungen und Zeitvorgaben.

2.1 Den Überblick behalten bei der Arbeit mit vielen Texten

Wenn Sie für eine Hausarbeit oder Prüfung viele Informationen gesammelt haben, kann es schwierig sein, den Überblick zu behalten. Deshalb ist es sinnvoll, sich von Anfang an nicht ausschließlich auf das Gedächtnis zu verlassen, sondern Notiz- und Ablagesysteme aufzubauen, um die Auseinandersetzung mit der Literatur zu dokumentieren. Hierbei gibt es zwei wichtige Aspekte: den Überblick über Ihren Arbeitsprozess und den Überblick über Ihre Lesenotizen.

2.1.1 Ein Metasystem zur Organisation von Recherche und Arbeitsprozess

Je größer Ihr Projekt ist und je mehr Literatur Sie dafür lesen, desto wichtiger ist es, den Überblick über das Material und die Aufgaben zu behalten, die Sie schon erledigt haben. Sonst kann es vorkommen, dass Sie z. B. einen Text zweimal in der Bibliothek ausleihen und jedes Mal feststellen, dass er doch nicht zu Ihrem Thema passt. Legen Sie deshalb ein System für Metainformationen an, das heißt für Informationen über Ihren Leseprozess im Rahmen eines bestimmten Seminars, einer Prüfung oder einer Hausarbeit.

Mögliche Inhalte für ein Metasystem

- Informationen zur Recherche (Datum, Orte der Recherche, Stichworte, nach denen Sie recherchiert haben), z. B. *19. 9. 2013 recherchiert in Digibib und MLA nach „Metafiktion"*
- Literaturangaben der Texte
- Standort der Texte: z. B. Bibliothek und Signatur, Link, Ordner für Datei oder Kopie, eigenes Buch
- Information zum Bearbeitungsstand der einzelnen Texte, z. B.
  - *Vollständig gelesen*
  - *Nur S. 5-9 und 37-55 relevant, später lesen!*
  - *Unbrauchbar*
- Form und Ort von Notizen zu den einzelnen Texten, z. B.
  - *Randbemerkungen in Kopie, Ordner S*
  - *Exzerpt in Citavi*
  - *Zusammenfassung und Ideen im Journal, S. 23*

Ein Eintrag zu einem Buch, das im Rahmen einer Abschlussarbeit zum Thema *Berufsberatung effizient gestalten* gelesen wurde, könnte folgendermaßen aussehen:

Rainer Schwing/Andreas Fryszer (2006): Systemisches Handwerk. Werkzeug für die Praxis. Göttingen 2006.
Bibliothek Humanwiss. Abteilung, Signatur 2007/620;
Inhaltsverz. und Kap 2 (S. 21-57, Anfänge gestalten) kopiert: Materialordner gelb 25. 1. 2012: Kap. 1, 2, 4, 6 überflogen; Unterstreichungen und Randnotizen in Kopie
Kapitel 2 für Kapitel zur Auftragsklärung genauer lesen.

Überlegen Sie, welche Form eines Metasystems für Sie am besten geeignet ist, weil sie Ihrer Arbeitsweise entspricht und Ihnen einen einfachen und schnellen Zugriff erlaubt. Sie können auch unterschiedliche Möglichkeiten kombinieren:

- Rubrik in Ihrem Lektürejournal; z. B. mit einem Symbol oder einer Farbe gekennzeichnet
- Extra Notizheft
- Alphabetische Liste der Texte als Datei
- Literaturverwaltungs- oder Notizprogramm (vgl. Kap. 2.1.2)
- Kartei

Bei Ihrer Entscheidung für die Form eines Metasystems können Sie folgende Faktoren berücksichtigen:

- **Größe Ihres Projekts:** Je größer Ihr Projekt ist und je länger Sie sich damit beschäftigen, desto wichtiger ist es, dass das Metasystem mitwächst und Sie es gut ergänzen können. Dafür bieten sich vor allem Dateien, Karteien oder Literaturverwaltungsprogramme an.
- **Handlichkeit:** Überlegen Sie, wo Sie meistens arbeiten und wie Sie dort am besten auf Ihr Metasystem zugreifen können. Wenn Sie viel unterwegs sind, können ein Notizheft, eine Anwendung im Tablet-PC oder Karteikarten sinnvoll sein.
- **Vorlieben:** Berücksichtigen Sie, wie Sie sich am besten motivieren können, Ihren Arbeitsprozess konsequent zu protokollieren. Mögen Sie technische Lösungen? Arbeiten Sie gerne handschriftlich? Geben Ihnen bunte Karteikarten einen guten Überblick?

Das Metasystem ist das organisatorische Zentrum Ihrer Arbeit, in dem Sie verzeichnen, wo Sie welche Informationen abgelegt haben. Es kann in Verbindung mit einem Lektürejournal und mit der Organisation Ihrer Lesenotizen stehen und gibt Ihnen die Möglichkeit, Ihren Arbeitsfortschritt sichtbar zu machen, indem Sie z. B. gelesene Titel grün markieren. So sehen Sie auf einen Blick, was Sie schon geschafft haben.

2.1.2 Organisation von Lesenotizen: elektronische Literaturverwaltung und Karteikasten

Wenn Sie ein umfangreiches Projekt bearbeiten und viel lesen, ist es wichtig, sich schon im Vorfeld Gedanken darüber zu machen, wie Sie Ihre Lesenotizen aufbewahren und organisieren wollen. Denn zu viele und ungeordnete Informationen haben keinen Wert für Sie, wenn Sie später nicht mehr das finden, was Sie brauchen. Notieren Sie in Ihrem Metasystem, nach welchen Prinzipien Sie Ihre Ablage aufbauen, damit Sie den Überblick behalten und auch nach einer Arbeitspause wieder gut anknüpfen können.

Es gibt Wissenschaftler und Künstler, die ihr Leben lang nach einem bestimmten System Einfälle und Lesenotizen gesammelt und für ihre Texte verwendet haben. Berühmt sind die Zettelkästen des Schriftstellers Arno Schmidt und des Soziologen Luhmann (zu sehen auf YouTube „Niklas Luhmann – Der Zettelkasten", ein Programm für einen elektronischen Zettelkasten im Stile Luhmanns finden Sie unter http://zettelkasten.danielluedecke.de).

Tipp

Bauen Sie möglichst früh im Studium ein Ordnungssystem auf, um Ihre Notizen abzulegen. So können Sie bei größeren Projekten und Prüfungen immer wieder auf Ihr dort abgelegtes Wissen zurückgreifen. Sinnvoll ist hierfür die Verwendung einer Literaturverwaltungssoftware.

Kopierte Texte, Exzerpte, andere Lesenotizen oder Seiten aus Ihrem Lektürejournal können Sie bis zu einer bestimmten Textmenge in Hängeregistern oder Ordnern ablegen und nach inhaltlichen Schlagworten oder den Kapiteln Ihrer Arbeit ordnen. So können Sie sich eine kleine Handbibliothek aufbauen, die Sie für das Schreiben einer Hausarbeit oder die Prüfungsvorbereitung benötigen. Wenn Sie beim Lesen ausschließlich Unterstreichungen und Randnotizen verwenden, müssen Sie zur weiteren Arbeit immer die vollständigen Texte in die Hand nehmen. Bunte Markierungen und Haftnotizen als Index können hier helfen, den Überblick zu behalten. Bei eigenen Notizen haben Sie dagegen die Informationen, die für Ihr Thema relevant sind, bereits ausgewählt und damit die Menge an Papier reduziert.

Wenn Sie an einem größeren Projekt arbeiten oder wissen, dass Sie sich später weiter mit dem Thema beschäftigen werden, ist es jedoch sinnvoll, systematischer vorzugehen und eine **Literaturverwaltungssoftware** zu verwenden. Informieren Sie sich, welche Programme Sie über Ihre Universität kostenlos nutzen können. Das Programm Citavi ist bis 100 Titel auf jeden Fall frei; eine gute Freeware ist Zotero. Einen Überblick über unterschiedliche, auch kostenlose, Literaturverwaltungsprogramme finden Sie z. B. auf Wikipedia unter dem Stichwort „Literaturverwaltung".

Ein solches Programm erleichtert es Ihnen wesentlich, die Fachliteratur zu einem Thema aufzunehmen, sich Notizen zu machen, nie die Literaturangaben zu vergessen, beim Schreiben einer Hausarbeit das Literaturverzeichnis zu erstellen und für die Literaturangaben ein vorgegebenes

Format zu verwenden. Viele Literaturverwaltungen ermöglichen zudem eine Stichwortsuche in den eigenen Exzerpten und so einen umfassenden Zugriff auf die Notizen.

Sie können aber auch eine traditionelle **Kartei** anlegen, um Literaturangaben, Exzerpte oder auch Einzelzitate aufzubewahren und zu ordnen. Welche unterschiedlichen Formen eine Literaturkartei haben kann, können Sie bei Umberto Eco (2007) (vgl. S. 147) nachlesen, der augenzwinkernd ein ausgefeiltes System aus unterschiedlichen Karteikästen vorstellt. Seine Vorschläge lassen sich auch auf die Organisation von Notizen in Literaturverwaltungsprogrammen übertragen. Für Exzerpte oder andere Lektürenotizen bieten sich Karteikarten im Format DIN A5 an. Sie können verschiedene Farben z. B. für Literatur zu verschiedenen Kapiteln, Themen oder für die Unterscheidung zwischen Primär- und Sekundärliteratur verwenden und so den Überblick behalten. Der Vorteil von Karteikarten ist, dass Sie sie vor sich auf dem Tisch oder dem Boden ausbreiten und immer wieder in eine neue Reihenfolge bringen können, die z. B. der Gliederung Ihres Texts oder dem Aufbau eines Kapitels entspricht.

Die Vorteile der Arbeit am Computer (gute Lesbarkeit der Schrift, Stichwortsuche, Weiterverwendung von Textteilen, Literaturverwaltung) und der Arbeit mit Papier (Überblick durch Ausbreiten und Sortieren im Raum, Sichtbarkeit des Geleisteten, Anfassbarkeit) können Sie kombinieren, indem Sie Ihre Computernotizen regelmäßig ausdrucken und mit den gedruckten Versionen weiterarbeiten.

2.2 Literaturrecherche

Um mit dem Lesen beginnen zu können, benötigen Sie passende Literatur zum Thema. Wenn Ihre Lehrenden Ihnen die Literatur nicht vorgeben, gehört es meistens zu Ihrer Aufgabe, selbst zu recherchieren. Hier lohnt es sich, wenn Sie sich gut informieren, wie und wo Sie in Ihrem Fach am besten Literatur finden können. Die Zeit, die Sie hierfür investieren, werden Sie im Laufe Ihres Studiums wieder einsparen.

Tipp

Nehmen Sie an einer Führung in Ihrer örtlichen Instituts- und Universitätsbibliothek teil, um die Recherchemittel kennenzulernen, die Ihnen zur Verfügung stehen. Häufig gibt es auch Einführungen in fachspezifische Datenbanken.

Überlegen Sie, wie tief Sie bei Ihrer Recherche gehen wollen. Je nach Studienphase und Lehrenden können die Anforderungen hier stark variieren. So können Sie z. B. für eine kurze Hausarbeit oder ein Referat das Schneeballsystem einsetzen: Hierbei werten Sie das Literaturverzeichnis einer möglichst aktuellen Publikation nach Texten zu Ihrem Thema aus und gehen so von Literaturverzeichnis zu Literaturverzeichnis weiter. Für anspruchsvollere Arbeiten reicht dieses Verfahren nicht aus, weil Sie durch die Perspektive der ersten Publikationen, die Sie lesen, eingeschränkt werden.

Machen Sie es sich zur Angewohnheit, mindestens an drei unterschiedlichen Orten zu suchen, um die Recherchemöglichkeiten gut auszunutzen. Ganz allgemein gibt es folgende sinnvolle Orte für die Suche nach wissenschaftlichen Texten:

> **Fachübergreifende Orte zur Recherche**
>
> - Kataloge von Fach- und Universitätsbibliotheken, zusammengefasst in der digitalen Bibliothek unter www.digibib.net
> - www.jstor.org: englischsprachige Zeitschriftenaufsätze, www.digizeitschriften.de: deutschsprachige Zeitschriftenaufsätze aus den Geisteswissenschaften; aus den Uninetzen können ältere Artikel direkt heruntergeladen werden
> - Fachdatenbanken, v. a. für Zeitschriftenaufsätze
> - Zeitschriftenarchive
> - Suchmaschine für wissenschaftliche Literatur: www.scholar.google.de

Vor einer gründlichen Recherche ist es sinnvoll, sich etwas in das Thema einzulesen (vgl. Kap. 2.5.1). Je genauer Sie überlegen, was Sie suchen, und je konkretere Suchbegriffe Sie festlegen, desto mehr werden Sie mit Ihren Ergebnissen anfangen können. Um passende Suchbegriffe zu finden, können Sie Schlagworte zu Ihrem Thema verwenden, Synonymwörterbücher und vor allem Fachlexika nutzen. Häufig ist das Problem nicht, dass Sie zu wenig Literatur finden, sondern zu viel. Grenzen Sie dann Ihr Thema und Ihre Suchbegriffe immer weiter ein.

2.3 Lesetempo und Lesebedingungen

Viele Studierende haben den Wunsch, ihr Lesetempo zu steigern, um das vorgegebene Pensum besser zu bewältigen. Dieser Wunsch ist sehr verständlich, aber nicht immer realistisch. Lesen ist eine anspruchsvolle intellektuelle Tätigkeit, die nicht beliebig beschleunigt werden kann.

Wenn Sie mit Ihrem Lesetempo unzufrieden sind, sollten Sie als erstes eine **Bestandsaufnahme** machen: Wie lange brauchen Sie, um zehn Seiten durchschnittlich schwierigen Text aus Ihrem Fach zu lesen und zu verstehen? Wie lange brauchen Sie, wenn Sie sich beim Lesen Notizen machen? Beobachten Sie sich eine Weile beim Lesen und führen Sie Buch über Ihr Lesetempo.

Übung

Nehmen Sie sich 45 (oder 25) Minuten Zeit. Überlegen Sie, wie viel Sie in dieser Zeit lesen werden. Schreiben Sie genau auf, was Sie zu einer bestimmten Uhrzeit gemacht haben wollen, wie *Um 15:30 werde ich x Seiten des Texts für die Seminarvorbereitung überflogen und die Passagen markiert haben, die für mein Referatsthema relevant sind.* Oder: *Um 11:15 werde ich x Seiten des Theorietexts verstanden und Fachbegriffe nachgeschlagen haben.* Sorgen Sie dafür, dass Sie während der festgesetzten Zeit störungsfrei arbeiten können. Vergleichen Sie nach Ablauf der Zeit, was Sie sich vorgenommen haben und was Sie tatsächlich geschafft haben, und schreiben Sie dies unter Ihren Arbeitsauftrag, um sich beim nächsten Mal an Ihren Erfahrungen orientieren zu können.

Wenn Sie diese Übung mit unterschiedlichen Texten, Lesezielen und Lesetechniken durchführen, können Sie immer besser einschätzen, wie viel Zeit Sie benötigen. Ein positiver Nebeneffekt ist oft, dass Sie sich durch den konkreten Arbeitsauftrag gut konzentrieren können. Falls Sie immer wieder wesentlich länger als geplant brauchen, ist möglicherweise Ihre Vorstellung vom Lesetempo unrealistisch oder Sie verwenden ungünstige Lesetechniken. Experimentieren Sie dann mit Lesetechniken und Lesebedingungen und beobachten Sie, ob Sie mit zunehmender Übung und wachsendem Fachwissen zufriedener mit Ihrem Lesetempo werden.

Tauschen Sie sich mit Ihren Mitstudierenden darüber aus, welche Erfahrungen diese mit dem Lesetempo bei verschiedenen Texten und Lesezielen haben. Sie werden dabei feststellen, dass das Lesetempo individuell und situationsabhängig ist. Es wird beeinflusst von

- der Neuheit der Textinhalte für Sie,
- der sprachlichen Schwierigkeit des Texts,
- Ihrer Sprachbeherrschung, falls Sie in einer Fremdsprache lesen,
- Ihrer Tagesverfassung und Konzentrationsfähigkeit,

- dem Ziel, das Sie mit dem Lesen verfolgen,
- Schriftgröße, Druckbild und Layout des Texts,
- den allgemeinen Arbeitsbedingungen,
- davon, ob Sie am Bildschirm lesen oder einen gedruckten Text.

Vielleicht haben Sie von Speedreading und anderen **Schnelllesetechniken** gehört, die teilweise eine enorme Steigerung des Lesetempos versprechen. Diese Techniken bestehen meistens aus zwei Elementen: einem speziellen Training der Augenbewegung beim Lesen und der Vermittlung von Lesetechniken, wie Sie sie auch in diesem Buch finden. Wenn Sie im Studium oder für ein Forschungsprojekt große Mengen von Texten sichten müssen, kann es sinnvoll sein, bewusst das Lesetempo zu steigern. Eine Grenze der Temposteigerung ist erreicht, wenn Sie wissenschaftliche Texte oder Lehrbücher mit komplexen und für Sie neuen Inhalten lesen. Hier ist es wichtig, dass Sie sich ausreichend Zeit lassen, um die Inhalte gedanklich nachzuvollziehen; ein Speedreadingverfahren kann in diesen Fällen kontraproduktiv sein.

Tipps zur Steigerung des Lesetempos

- Sorgen Sie für gute Arbeitsbedingungen:
  - Helles Licht, das Sie nicht blendet
  - Brille, wenn notwendig
  - Störungsfreie Zeit (Telefon/Handy leise stellen, Ohrstöpsel/Kopfhörer bei lauter Umgebung)
  - Ausreichend Platz und Material, wenn Sie sich Notizen machen wollen
  - Hintergrundmusik kann den Lesevorgang stören
- Beeinflussen Sie das Layout des Texts, den Sie lesen: Vergrößern oder verkleinern Sie die Schrift auf dem Bildschirm oder bei einer Kopie so, dass sie für Sie gut lesbar ist.
- Hören Sie auf zu lesen, wenn Sie feststellen, dass Sie nur noch mit den Augen über die Zeilen gleiten, ohne den Sinn zu erfassen. Ob Sie noch bei der Sache sind, können Sie testen, indem Sie sich nach jedem Abschnitt vergegenwärtigen, was Sie gelesen haben. Wenn Sie es nicht wissen, ist es höchste Zeit für eine Pause!
- Machen Sie gerade bei schwierigen Texten regelmäßig kurze Pausen und suchen Sie einen Ausgleich zur Konzentration und Bewegungslosigkeit beim Lesen. Sehr entspannend kann es auch sein, in die Ferne zu sehen oder sich dies mit geschlossenen Augen vorzustellen.

- Unterbrechen Sie das Lesen nicht zu oft, um unbekannte Wörter nachzuschlagen. Versuchen Sie stattdessen erst einmal den groben Zusammenhang zu erfassen. Das gilt besonders, wenn Sie in einer Fremdsprache lesen.
- Lesen Sie nicht zu langsam, damit Sie mit den Gedanken nicht abschweifen. Setzen Sie sich aber mit dem Lesetempo nie so unter Druck, dass Sie nicht verstehen, was Sie lesen.
- Nutzen Sie aus, dass das Auge Bewegungen folgt, und verwenden Sie Ihren Finger oder einen Stift, um Ihren Blick rasch über eine Seite zu führen, z. B. um bestimmte Schlüsselwörter zu suchen.
- Vermeiden Sie, aus Gewohnheit beim Lesen zurückzuspringen und einzelne Wörter erneut zu lesen – es sei denn, Sie haben wirklich etwas nicht verstanden.
- Lesen Sie viel! Lesen Sie unterschiedliche Textsorten und experimentieren Sie dabei mit Ihrem Lesetempo. Das ist besonders wichtig, wenn Sie wissenschaftliche Literatur in Fremdsprachen lesen, in denen Sie wenig Leseroutine haben. Auch Zeitungen, Krimis oder Liebesromane können Übungsmaterial sein!

Da es nicht möglich ist, das Lesetempo beliebig zu steigern, ist es umso wichtiger, beim Lesen gezielt vorzugehen. Fragen Sie sich immer, mit welchem Ziel Sie lesen und welche Lese- und Notiztechnik hierfür sinnvoll ist.

Übung

Beschreiben Sie eine „Sternstunde" beim Lesen wissenschaftlicher Texte. Wann waren Sie besonders zufrieden mit Ihrem Leseerfolg? Mit Ihrem Tempo, dem Textverständnis, dem Spaß beim Lesen und damit, wie gut Sie sich das Gelesene merken konnten usw. Vergegenwärtigen Sie sich diese Situation so genau wie möglich. Überlegen Sie z. B. Wo haben Sie gelesen? Wie lange? Haben Sie ein Buch gelesen, Kopien oder am Bildschirm? Wie haben Sie sich auf das Lesen vorbereitet? Haben Sie sich Notizen gemacht und wenn ja, wie? Haben Sie Nachschlagewerke verwendet? Was war Ihr Ziel beim Lesen?
Gehen Sie Ihre Notizen später durch: Welche der beschriebenen Bedingungen haben zu dem positiven Leseerlebnis und zu Ihrem Erfolg beigetragen? Welche der Bedingungen können Sie bei Ihrer nächsten Leseaufgabe aktiv beeinflussen? Markieren Sie drei Punkte für Ihr individuelles Rezept für optimale Lesebedingungen.

Diese Übung kann Ihnen dabei helfen, Ihre Stärken beim Lesen herauszufinden, gezielt auszubauen und die Rahmenbedingungen aktiv zu gestalten. Das Ergebnis könnte z. B. folgendermaßen aussehen:

Lösungsvorschlag

*Meine Sternstunde beim Lesen war, als ich für eine Hausarbeit über verschie-
dene Feedbackverfahren gelesen habe. Ich hatte alle Texte als Bücher oder
Kopien vorliegen und habe zu Hause gelesen. Ich konnte die Texte gut einordnen, weil das Thema nicht ganz neu für mich war. Ich wusste genau, zu welchen
Teilaspekten ich Informationen suche, weil ich schon eine genaue Vorstellung
von der Hausarbeit hatte. Das war eigentlich das Beste. Deshalb konnte ich
mir auch gleich eine Tabelle für die wichtigsten Informationen anlegen. Da hat
mich dann auch die Menge der Texte nicht erschlagen.*

Mein Leserezept:
- *Ganz genau überlegen, nach welchen Informationen ich in den Texten
  suche*
- *Mich vor dem Lesen schon im Thema orientieren*
- *Eine Tabelle für Notizen anlegen*

2.4 Lesetechniken

Wenn Sie Ihre Lesetechnik verbessern wollen, ist die wichtigste Voraussetzung, dass Sie sich klar machen, dass je nach **Leseziel** andere Vorgehensweisen sinnvoll sind. Wahrscheinlich gehen Sie intuitiv an das Lesen
unterschiedlicher Textsorten mit unterschiedlichen Haltungen und also
auch Lesetechniken heran: Einen Krimi lesen Sie anders als einen Fachtext,
die Reklameseiten in der Zeitung oder im Internet, einen Liebesbrief oder
ein Gedicht. Das liegt nicht nur an den Besonderheiten der jeweiligen
Textsorte, sondern auch daran, dass Sie mit dem Lesen der Texte unterschiedliche Ziele verbinden. Wenn wir im Alltag lesen, sind uns diese
Zwecke oft nicht bewusst, wir passen aber automatisch z. B. unser Lesetempo an sie an.

Fragen Sie sich beim Lesen wissenschaftlicher Texte im Studium immer, mit welchem Ziel Sie lesen, um dann ganz bewusst eine passende
Lese- und Notiztechnik auszuwählen.

Mögliche Leseziele

- Einen Text für eine Seminardiskussion vorbereiten
- Einen Text zur Prüfungsvorbereitung verwenden
- Prüfen, ob der Text zu einem Thema passt
- Einen Text, der Untersuchungsgegenstand ist, analysieren und interpretieren
- Sich einen Überblick über ein Thema verschaffen
- Informationen für ein bestimmtes Thema aus einem Text ziehen
- Einen theoretischen Grundlagentext gründlich verstehen und nachvollziehen
- Sich kritisch mit einem Text auseinandersetzen
- Einen Text als Modell für eine eigene Untersuchung verwenden
- Eine Anleitung bekommen
- Die (ästhetische) Wirkung eines Texts erleben
- Spaß und Unterhaltung

Die eine richtige Lesetechnik, die zu allen Menschen, Lesezielen, Lesebedingungen und Arbeitsphasen passt, gibt es nicht. Sicher ist nur eines: Es ist nicht sinnvoll, wenn Sie jeden Text mit derselben Gründlichkeit und in demselben Tempo lesen. Sie werden dann entweder die Menge an Texten kaum bewältigen können oder bei einigen Texten nicht zu der tieferen Aussage vordringen. Wenn Sie bewusst entscheiden, wie gründlich Sie lesen wollen, haben Sie mehr Zeit, sich mit wichtigen Texten intensiv auseinanderzusetzen, weil Sie andere nur überfliegen.

Die folgenden Lesetechniken zeigen unterschiedliche Aspekte beim Lesen wissenschaftlicher Texte und können nacheinander oder kombiniert eingesetzt werden. Sie unterscheiden sich v. a. darin, wie vollständig Sie einen Text lesen, wie gründlich Sie Einzelheiten verstehen und wie stark Sie die Inhalte bereits gedanklich weiterverarbeiten. Für die einzelnen Techniken gibt es keine festen Bezeichnungen und vielleicht kennen Sie sie bereits unter einem anderen Namen. Achten Sie deshalb mehr auf die Beschreibungen als auf die Benennungen.

Tipp

- Es kann wesentlich effektiver sein, einen Text mehrfach relativ zügig mit unterschiedlichen Lesetechniken zu lesen, als nur einmal langsam und gründlich.
- Verbinden Sie von Anfang an Lesetechniken mit Notiztechniken!

2.4.1 Überfliegendes oder orientierendes Lesen

Das **Ziel** beim orientierenden Lesen oder Überfliegen ist, herauszufinden, worum es in dem Text geht und ob er für Ihr Leseziel geeignet ist. So können Sie sich einen Überblick über vorgegebene Literatur zu einem Thema verschaffen oder auswählen, was Sie gründlich lesen werden. Erst wenn Sie einen Text überflogen haben, können Sie entscheiden, wie Sie ihn weiter behandeln wollen. Das Überfliegen schafft zudem eine gute Voraussetzung, um beim erneuten Lesen Details zu verstehen, weil Sie den Gesamtzusammenhang bereits kennen.

> **Tipp**
>
> Gewöhnen Sie sich an, Fachtexte immer erst zu überfliegen, um sie dann gezielter lesen und besser verstehen zu können. Bei Büchern können Sie auch kapitelweise vorgehen.

Nutzen und Grenzen der Technik: Wenn Sie einen Text überflogen haben, wissen Sie im Groben, worum es geht, haben aber nicht alle Einzelheiten erfasst und möglicherweise auch nicht alle Aspekte verstanden.

Wie es funktioniert: Sie brauchen den Text nicht ganz zu lesen, sondern nur so weit, dass Sie einen guten Überblick darüber bekommen, worum es geht. Konzentrieren Sie sich deshalb auf die Textelemente, die Ihnen dies schnell ermöglichen:

Textelemente, die schnell einen Überblick geben

Textteile
- Autorin oder Autor und Informationen über sie/ihn, evtl. Verlag und Erscheinungsjahr
- Titel und evtl. Untertitel
- Inhaltsverzeichnis
- Abstract (falls vorhanden)
- Einleitung und Zusammenfassung oder Fazit
- Literaturverzeichnis, Glossar, Register (hier können Sie für Ihr Thema relevante Stichworte suchen)

Graphische Elemente
- Überschriften und Zwischenüberschriften im Text
- Hervorhebungen (z. B. Unterstreichungen, farbliche Markierungen, Textkästen)
- Listen und Aufzählungen
- Graphiken, Tabellen, Abbildungen

Die Kenntnis der typischen Strukturen wissenschaftlicher Texte (vgl. Kap. 3.4.1 und 3.4.2) gibt Ihnen zudem beim Überfliegen eine gute Orientierung. Häufig finden sich in den ersten und letzten Sätzen von Kapiteln, Abschnitten oder Absätzen kompakte Zusammenfassungen, die einen Eindruck von dem gesamten Gedankengang geben.

Tipp

Wenn Sie von jedem Absatz den ersten Satz lesen, können Sie sich bei vielen Texten schnell einen Überblick über Aufbau und Inhalt verschaffen.

Überspringen Sie Textpassagen, in denen ein Thema, das Sie bereits identifiziert haben, weiter ausgeführt wird, oder in denen Beispiele gegeben werden – Sie wollen nach diesem Lesedurchgang schließlich nur wissen, worum es in dem Text allgemein geht und nicht die Details kennen. Falls Sie beim Überfliegen feststellen sollten, dass der Text wider Erwarten nichts mit Ihrem Thema zu tun hat, brechen Sie ab. Nutzen Sie die Zeit, die Sie so einsparen, besser dafür, einen anderen Text gründlich zu lesen.

Abschließend können Sie einige Absätze gründlicher lesen, um den Schwierigkeitsgrad festzustellen und zu entscheiden, wann Sie sich mit dem Text beschäftigen wollen: am Anfang Ihrer Arbeit oder lieber erst am Ende, wenn Sie sich schon besser im Thema auskennen. Notieren Sie das Ergebnis dieser Auswertung in Ihrem Metasystem, damit Sie später darauf zurückgreifen können und den Text nicht aus Versehen noch einmal überfliegen.

2.4.2 Sichtendes Lesen oder Scannen

Das Ziel des sichtenden Lesens ist, zu prüfen, ob ein Text für ein bestimmtes Thema, das Sie vorher festgelegt haben, nützlich ist. Im Unterschied zum Überfliegen wissen Sie beim Sichten genau, wonach Sie suchen, und wollen sich nicht allgemein über den Text informieren. Sichtendes Lesen ist besonders dann wichtig, wenn Sie bei einer Recherche eine größere Menge an Texten gefunden haben und entscheiden wollen, ob es sich lohnt, sie genauer zu lesen, und um selektives Lesen vorzubereiten. Sichtendes Lesen wird auch zur Auswertung von schriftlichen Quellen und Daten angewendet, um nach Material zu einem bestimmten Thema zu suchen.

Nutzen und Grenzen der Technik: Wenn Sie einen Text gesichtet haben, wissen Sie, ob und möglicherweise auch in welchen Teilen des Texts es um das Thema geht, das Sie interessiert; Sie wissen aber nicht, was insgesamt im Text steht.

Wie es funktioniert: Legen Sie genau fest, wonach Sie suchen wollen: Formulieren Sie ein Thema oder eine Frage und einige Schlagworte, die im Zusammenhang mit diesem Thema stehen. Wenn Sie z. B. eine Arbeit über die Bedeutung der Raumgestaltung für die Unterrichtskommunikation schreiben, könnte das sein: *Welche Bedeutung hat die Raumgestaltung? Interaktion, Klassenzimmer, Sitzordnung, Architektur, Fenster.* Für das Sichten sind dieselben Textteile hilfreich wie für das Überfliegen. Jetzt verwenden Sie diese aber, um gezielt nach Ihren Stichworten zu suchen. Dafür können Sie mit den Augen über den Text gleiten; Ihr Anspruch ist dabei nicht, den Text zu verstehen, sondern die festgelegten Worte zu finden. Sichtendes Lesen ist gerade bei Büchern deshalb oft mehr ein Durchblättern als ein Lesen, das allerdings hohe Konzentration erfordert. Weil Sie sich beim Sichten nicht viel merken können, ist es wichtig, die Passagen sofort zu markieren, in denen die Schlagworte vorkommen.

Bei Texten, die Ihnen elektronisch vorliegen, können Sie die Suchfunktion des Browsers, des pdf-Readers oder des Textverarbeitungsprogramms verwenden, um die gesuchten Schlagworte zu markieren. So können Sie einfach feststellen, ob und wie häufig die gesuchten Wörter auftreten und sie direkt ansteuern. Für eine erste Auswahl aus einer großen Textmenge kann das sehr nützlich sein.

2.4.3 Gründliches Lesen

Das **Ziel** des gründlichen Lesens ist, einen ganzen Text oder bestimmte Ausschnitte in allen Einzelheiten genau zu verstehen, Aufbau und Argumentation zu erfassen sowie in Ansätzen zu einer kritischen Einschätzung des Inhalts zu gelangen. Gründliches Lesen ist immer dann angebracht, wenn Sie etwas Neues lernen wollen, wenn ein Text die Grundlage Ihrer Hausarbeit oder einer Prüfung bildet und wenn Sie sich mit dem Gelesenen kritisch auseinandersetzen wollen.

Nutzen und Grenzen der Technik: Wenn Sie einen Text gründlich gelesen haben, haben Sie seinen Inhalt in seinen Einzelheiten verstanden und sollten – zumindest unmittelbar nach dem Lesen – die für Sie wichtigen Aspekte rekapitulieren können. Das gründliche Lesen ist die intensivste und langsamste Form zu lesen, die Ihnen in diesem Buch vorgestellt wird. Es bedeutet häufig, ganze Texte oder einzelne Passagen mehrfach zu lesen.

Tipp

Lesen Sie einen Text nur dann gründlich, wenn Sie nach dem Überfliegen sicher sind, dass dies notwendig und sinnvoll ist. So können Sie viel Zeit sparen.

Wie es funktioniert: Sie lesen den Text und achten darauf, ihn vollständig zu verstehen und nachzuvollziehen. Dafür ist es häufig notwendig, neben dem eigentlichen Lesen weitere Aktivitäten auszuführen, die für das Verständnis und die geistige Verarbeitung notwenig sind: So kann es z. B. vorkommen, dass Sie für das bessere Verständnis unbekannte Begriffe nachschlagen oder sich zusätzliche Informationen beschaffen müssen (vgl. Kap. 3.3). Bei technischen Texten kann es unter Umständen hilfreich sein, eigene Zeichnungen anzufertigen oder Berechnungen durchzuführen. Zum gründlichen Lesen kann es auch gehören, sich beim Lesen Notizen zu machen, den Text sichtbar zu bearbeiten (z. B. Unterstreichungen) oder Passagen in eigenen Worten zusammenzufassen. So können Sie für Sie Wichtiges hervorheben, Fragen anmerken und sich kritisch mit dem Gelesenen auseinandersetzen.

Es ist sinnvoll, das gründliche Lesen mit einer Phase der Rekapitulation abzuschließen, bei der Sie sich vergegenwärtigen, was Sie gelesen haben, in welchem Verhältnis das Gelesene zu dem Thema Ihrer Arbeit und zu anderen Texten steht und was Sie selbst dazu denken. Diese Rekapitulation können Sie im Kopf, im Gespräch mit anderen (bietet sich z. B. bei Seminargruppen an) oder schriftlich durchführen (bietet sich beim Lesen für das Schreiben von Hausarbeiten an).

2.4.4 Selektives Lesen

Das **Ziel** des selektiven Lesens ist, von einem Text nur die Passagen aufmerksam zu lesen, die für Ihr Thema und Leseinteresse relevant sind. Vielleicht interessiert Sie in einem Zeitschriftenartikel nur die Theorie oder Analysemethode, die Sie auf einen anderen Gegenstand anwenden wollen. Oder Sie suchen in verschiedenen Literaturgeschichten Informationen über eine Autorin und ihre Stellung in einer Schriftstellergruppe. Dann können Sie beim Lesen Gründlichkeit und Tempo variieren und möglichst nicht alles lesen.

Nutzen und Grenzen der Technik: Wenn Sie einen Text selektiv gelesen haben, haben Sie die Einzelheiten, die zu Ihrem Thema gehören, verstanden und erfasst; Textteile, die sich mit anderen Themen beschäftigen, haben Sie überflogen oder möglicherweise gar nicht gelesen.

Wie es funktioniert: Selektives Lesen setzt voraus, dass Sie recht genau wissen, wonach Sie im Text suchen. Es ist eine Kombination aus überfliegendem oder sichtendem und gründlichem Lesen: Sie lesen nur die Textteile gründlich, die Ihr Thema betreffen. Machen Sie am besten zwei Lesedurchgänge: Überfliegen Sie zuerst den Text und markieren Sie die Passagen, die Sie im zweiten Durchgang gründlich lesen wollen. So müssen Sie nicht ständig zwischen unterschiedlichen Lesehaltungen wechseln und können sich besser konzentrieren. Möglicherweise erscheint Ihnen dieses doppelte Lesen zuerst mühsam. Es ermöglicht Ihnen aber, sich Ihre Zeit gut einzuteilen, und Sie werden vielleicht feststellen, dass Sie so schneller vorankommen.

2.4.5 Analysierendes Lesen

Ziel des analysierenden Lesens ist, einen Text unter bestimmten Aspekten zu untersuchen. So kann es sein, dass Sie die Argumentationsstruktur eines wissenschaftlichen Texts analysieren wollen, um zu überprüfen, ob sie schlüssig ist, oder dass Sie herausfinden wollen, mit welchen Formulierungen in englischsprachigen Texten Beispiele eingeleitet werden, um so Ihren eigenen Wortschatz zu erweitern. Für die Fächer, deren Untersuchungsgegenstand v. a. Texte sind (z. B. Philosophie, Philologien, Rechtswissenschaften, qualitative Forschungsansätze), ist die Textanalyse die hauptsächliche wissenschaftliche Methode, für die es fachspezifische Vorgehensweisen und Zielsetzungen gibt.

Nutzen und Grenzen der Technik: Wenn Sie einen Text analysierend gelesen haben, haben Sie Erkenntnisse über einen bestimmten Aspekt des Texts gewonnen.

Wie es funktioniert: Beim analysierenden Lesen wählen Sie einen oder mehrere Aspekte aus, auf die Sie beim Lesen achten wollen. Neben inhaltlichen Aspekten kann es z. B. auch um die Textstruktur, die Argumentationsweise oder die stilistische Gestaltung eines Texts gehen. Analysierendes Lesen ist immer gründliches Lesen und kann aus mehreren Lesedurchgängen bestehen. Es ist immer dann selektiv, wenn die gesuchten Aspekte nur in einzelnen Passagen des Texts vorkommen.

Beim analysierenden Lesen ist es in der Regel sinnvoll, mit Markierungen und Notizen zu arbeiten. Um die Arbeit übersichtlich zu gestalten, können Sie Farben und Symbole verwenden und so unterschiedliche Aspekte der Analyse voneinander trennen.

2.4.6 Komplexe Lesemethoden

In vielen Ratgebern werden komplexe Lesetechniken beschrieben, wie die PQ4R-Methode, die von Thomas und Robinson entwickelt wurde (Thomas/Robinson 1972). Diese Methode beschreibt einen Gesamtprozess beim Bearbeiten eines Texts mit dem Ziel, die Textinhalte zu lernen. Die Großbuchstaben stehen jeweils für die vorgeschlagenen Arbeitsschritte: Preview – Question – Read – Reflect – Recite – Review. Das bedeutet im Einzelnen:

- Sich einen Überblick über den Text verschaffen
- Eigene Fragen zum Text formulieren
- Den Text lesen und dabei Antworten auf die Fragen suchen
- Über den Text nachdenken, das Gelesene mit Ihrem Thema und Vorwissen hierüber verbinden
- Den Text noch einmal durchgehen und die vorher formulierten Fragen beantworten
- Den Text in Gedanken rekapitulieren und die Antworten auf Ihre Fragen zusammenfassen

Eine Methode wie PQ4R kann dann nützlich sein, wenn Sie Texte für Seminardiskussionen oder für Prüfungen lesen. Wenn Sie viel Literatur zu bewältigen haben, sollten Sie auch bei dieser Methode das selektive Lesen praktizieren und nur die Textteile gründlich lesen, die sich mit Ihren Fragen bzw. Ihrem Thema beschäftigen.

Stellen Sie sich Ihre eigene Lesemethode zusammen: Notieren Sie für ein konkretes Lesevorhaben die Arbeitsschritte, die für Ihren Lesezweck sinnvoll sind. Sie können sich hierfür von der PQ4R-Methode anregen lassen und weitere Schritte ergänzen. Wenn Sie diese Liste auf eine Karte schreiben, können Sie diese als Lesezeichen verwenden und haben den Ablauf beim Lesen griffbereit. Überlegen Sie später, wie zufrieden Sie mit der Arbeitsweise waren, und verändern Sie sie gegebenenfalls. So können Sie je nach Leseziel und Lesesituation individuelle Vorgehensweisen entwerfen.

2.5 Informationen auswählen

Um mit einem Text weiterzuarbeiten, ist es notwendig, beim oder nach dem Lesen die Informationen auszuwählen, die Sie lernen oder für Ihren eigenen Text verwenden wollen. Vielleicht kennen Sie die Situation, dass Sie sich dabei manchmal verzweifelt die Frage stellen: Was ist denn nun wichtig an diesem Text? Welche Informationen werde ich für die Prüfung brauchen? Was soll ich notieren, um es später in meiner Hausarbeit zu verwenden?

Bei der Auswahl von Informationen aus einem Text gibt es ganz typische Zweifel, die sich besonders zeigen, wenn Sie sich Notizen machen oder eine Zusammenfassung schreiben wollen, z. B. Hoffentlich habe ich nichts vergessen! Das ist doch alles wichtig! Und wenn ich etwas von dem, was ich jetzt nicht aufschreibe, später doch brauche? Diese Sorgen beschäftigen viele Menschen und sie zeigen, wie wichtig es ist, bewusst Entscheidungen zu treffen. Je klarer Ihnen diese Aufgabe ist, desto besser können Sie sie bewältigen.

2.5.1 Sich in ein Thema einlesen, um Wichtiges von Unwichtigem zu unterscheiden

Wichtiges aus einem Text auszuwählen, ist besonders schwierig, wenn Sie noch wenig über ein Thema wissen. Wenn Sie sich in ein Themengebiet einarbeiten, ist zwangsläufig fast alles neu und deshalb wichtig für Sie. Die Bedeutung der einzelnen Informationen können Sie am Anfang meist noch gar nicht einschätzen. Sie werden aber feststellen, dass Sie mit jedem Text, den Sie über das Themengebiet lesen, besser beurteilen können, welche Informationen für Ihr Leseziel wichtig sind und welche nicht. Je mehr Grundwissen Sie sich aneignen, desto sicherer werden Sie sich bei Ihren Entscheidungen fühlen.

Planen Sie deshalb eine Phase des Einlesens ein, um die weitere Arbeit effektiv gestalten zu können. Das Ziel dieser Phase ist, sich einen groben Überblick über das neue Themengebiet zu verschaffen und dann möglicherweise einen kleineren Ausschnitt auszuwählen, mit dem Sie sich beschäftigen wollen. So können Sie Ihr Thema in den größeren Zusammenhang Ihres Fachs einordnen, was z. B. bei mündlichen Prüfungen als Kontextwissen positiv bewertet wird oder Ihnen bei Hausarbeiten ermöglicht, in der Einleitung eine gute Hinführung zu Ihrem Thema zu schreiben. In dieser Phase können Sie gut Ihr Lektürejournal einsetzen.

Übung Lektürejournal

Machen Sie vor dem Lesen eine Bestandsaufnahme davon, was Sie schon zu dem Thema wissen und welche Vorstellungen Sie im Moment davon haben. Dazu gehören auch alle Fragen und Unklarheiten. Schreiben Sie zügig alles auf, was Ihnen in den Sinn kommt, und unterstreichen Sie abschließend die Punkte, die Sie besonders wichtig finden. Notieren Sie sich regelmäßig, was Sie Neues und Wichtiges über Ihr Thema gelernt haben, und werten Sie diese Aufzeichnungen nach der Phase des Einlesens aus.

So wichtig die Phase des Einlesens ist, so wichtig ist es auch, sie zeitlich zu begrenzen. Legen Sie am besten einen bestimmten Zeitraum fest. So können Sie z. B. für eine erste Internetrecherche eine halbe Stunde ansetzen, danach eine Bestandsaufnahme machen und überlegen, welche Quellen Sie noch nutzen wollen, und wie viel Zeit Sie weiter benötigen. Ein Hinweis darauf, dass Sie eine erste Orientierung im Thema haben, kann sein, dass Sie Namen und Begriffe in neuen Texten bereits gut einordnen können.

Nutzen Sie zum Einlesen möglichst Grundlegendes über Ihr Thema (dabei dürfen auch Texte sein, die Sie möglicherweise nicht für eine Hausarbeit verwenden können, weil sie in Ihrem Fach nicht als zitierfähig gelten).

Texte für die Phase des Einlesens

- Wikipedia (vgl. auch Kap 3.3)
- Internetrecherche, z. B. mit Google Scholar
- Populärwissenschaftliche Darstellungen
- Lehrbücher Ihres Fachs
- Mitschriften oder Skripte von Vorlesungen und Seminaren
- Einleitungen in Sammelbänden und Monographien zu Ihrem Thema

- Überblicksartikel in Handbüchern und Fachlexika
- Wenn Sie in einer Fremdsprache studieren: Texte in Ihrer Muttersprache oder anderen Sprachen, die Sie gut beherrschen

Einen guten Eindruck vom Thema können Sie sich auch verschaffen, wenn Sie sich einen Grundlagentext (erkennbar an Titeln wie *Einführung in ..., Grundlagen/Grundzüge der/des ...*) und eine möglichst aktuelle Publikation ansehen.

In dieser Arbeitsphase sollten Sie sich nicht zu lange bei einzelnen Texten aufhalten, sondern sie möglichst zügig überfliegen. Manche der Texte werden Sie vielleicht später noch einmal gründlich lesen, jetzt geht es aber nur darum, sich ein allgemeines Bild zu verschaffen.

Tipp

Notieren Sie in Ihrem Journal oder im Metasystem zu den Texten, die Sie überflogen haben: Welche Bereiche Ihres Themas decken sie ab? Welche Fragen beantworten sie? Welche Texte passen nicht zum Thema? So bekommen Sie schnell einen Überblick und können später gut weiterarbeiten.

2.5.2 Ein Leseziel festlegen

Je nachdem, welches Ziel Sie verfolgen, können Sie sehr unterschiedliche Informationen eines Texts als wichtig auswählen. Um sich dies in der folgenden Übung bewusst zu machen, ist es notwendig, dass Sie sich an die Reihenfolge der Aufgaben halten.

Übung

Lesen Sie den folgenden Text und schreiben Sie dann vier verschiedene Zusammenfassungen:
1. Fassen Sie die Kernaussagen zusammen.
2. Fassen Sie zusammen, was für Sie an dem Text interessant ist, z. B. weil es neu für Sie ist.
3. Fassen Sie die Informationen zu folgender Frage zusammen: Wie lesen wir?
4. Fassen Sie die Informationen zu folgender Frage zusammen: Wie verbreiten sich Nachrichten im Internet?
Auswertung: Bei welcher Aufgabe fiel es Ihnen am leichtesten, Informationen aus dem Ausgangstext auszuwählen?

„*Laut enier Sidtue an eienr elgnhcsien Uvrsnäiett ist es eagl, in wcheler Rhnfgeeloie die Bstuchbaen in eniem Wort snid. Das eniizig Whictgie ist, dsas der etrse und der lztete Bstuchbae am rtigeichn Paltz snid. Der Rset knan tatol deiuranchnedr sein und man knan es ienrmomch onhe Porbelm lseen. Das legit daarn, dsas wir nhcit jeedn Bstuchbaen aielln lseen, srednon das Wort als Gzanes.*" [„*Laut einer Studie an einer englischen Universität ist es egal, in welcher Reihenfolge die Buchstaben in einem Wort sind. Das einzig wichtige ist, dass der erste und der letzte Buchstabe am richtigen Platz sind. Der Rest kann total durcheinander sein und man kann es immer noch ohne Problem lesen. Das liegt daran, dass wir nicht jeden Buchstaben allein lesen, sondern das Wort als Ganzes.*"]

Diese Nachricht erfreut alle, die Schwierigkeiten mit der Rechtschreibung haben. Solange ein Wort lesbar bleibt, fallen die Fehler nicht so sehr ins Gewicht. Und die Nachricht begeistert die Webwelt. Der Text wurde bereits in 20 Sprachen übersetzt. Ein Journalist hat sogar einen „Textzwirbler" programmiert, der jeden beliebigen Text entsprechend verändert.

Nicht jeder verzwirbelte Text lässt sich allerdings mühelos und flüssig lesen. Das Wissen über den Kontext und das Thema scheinen wichtige Lesehilfen darzustellen. So liest sich das gezwirbelte Wort „Nondrayhgartmeucrabonit" für Chemiker einfacher als für Laien, weil es ihnen geläufig ist. Das Thema eines Texts aktiviert Erfahrungswissen, und die Informationen, die das Gehirn hierzu im semantischen Netz bereitstellt, dominieren offensichtlich die Reihenfolge der Buchstaben. Solange Wortlänge und Silhouette erhalten bleiben, ist der Sinn erfassbar.

Doch wer ist wo und mit welchem Versuchsaufbau zu diesem Forschungsergebnis gekommen? Auch intensive Recherchen bleiben ergebnislos. Eine solche Studie wurde im Jahr 2003 – dem Jahr, in dem sich die Nachricht verbreitete – in England nicht durchgeführt. Die einzige auffindbare Quelle ist die Dissertation von Graham Rawlinson (The significance of letter position in word recognition), der sich bereits 1976 an der Universität Nottingham mit diesem Phänomen befasst hat.

Verfolgt man die Spuren der eingangs zitierten Nachricht zurück, stößt man auf den Wissenschaftsjournalisten und Physiker David Harris. Zu ihm gelangte die Nachricht per E-Mail. Er änderte sie etwas ab und verschickte sie gezielt im Netz, um zu beobachten, wie sich eine plausible Nachricht verbreitet. Nach einer Woche fand er über 1400 Treffer bei google und nach zwei Wochen bereits 6000. Der ursprüngliche Autor bleibt zwar verborgen, aber man kann an diesem Beispiel gut beobachten, wie das WWW glaubwürdige Nachrichten zu generieren vermag.

(nach Klein 2004, gekürzt und adaptiert)

Lösungsvorschlag

Zusammenfassung 1

2003 verbreitete sich im Internet eine Nachricht, bei der die Buchstaben inner-halb der Wörter nicht in der richtigen Reihenfolge waren. Trotzdem konnte man den Text gut verstehen. In der Nachricht stand, dass an einer englischen Uni-versität eine Untersuchung zu diesem Phänomen gemacht worden war: Das Erfahrungswissen, das wir über ein Thema haben, ist so wichtig, dass es aus-reicht, wenn bei einem Wort die Länge, der erste und letzte Buchstabe und ungefähr das Aussehen stimmen.

Die wissenschaftliche Studie, die in der Nachricht erwähnt wird, konnte nie-mand finden. Die Nachricht selbst hat der Journalist David Harris losgeschickt. Er wollte damit herausfinden, wie sich eine glaubwürdige Information im In-ternet verbreitet. Nach einer Woche gab es bei einer Suche im Internet 1400 Treffer, nach zwei Wochen 6000.

Zusammenfassung 2

Um ein Wort lesen zu können, ist es nicht notwendig, dass es vollständig richtig geschrieben ist. Wenn man das Thema kennt und einiges Wissen dazu hat, können die Buchstaben im Inneren des Wortes auch in falscher Reihenfolge sein und man kann es trotzdem mühelos lesen.

Zusammenfassung 3

Beim Lesen wird das Wort als Ganzes erfasst und nicht jeder Buchstabe einzeln gelesen. Das kann man daran sehen, dass man einen Text auch dann mühelos lesen kann, wenn bei den einzelnen Wörtern nur der erste und der letzte Buch-stabe richtig sind, alle anderen aber in einer beliebigen Reihenfolge. Die Vor-aussetzung hierfür ist allerdings, dass man schon Wissen über das Thema hat. Dann kann ein semantisches Netz im Hirn genug Informationen zu Verfügung stellen, um die Wörter zu verstehen, obwohl die Reihenfolge der Buchstaben verdreht ist. Vorwissen über ein Thema ist beim Lesen also sehr wichtig.

Zusammenfassung 4

Plausible Informationen verbreiten sich im Internet sehr schnell, auch wenn niemand weiß, was die Quelle ist. Ein Beispiel hierfür ist eine Nachricht, die sich 2003 sehr schnell verbreitet hat (6000 Treffer bei google zwei Wochen, nachdem die Nachricht zum ersten Mal verschickt wurde). In der Nachricht, die der Wissenschaftsjournalist David Harris für seinen Test verschickt hat, geht es darum, dass wir einen Text auch verstehen können, wenn die Buchstaben durcheinander sind. Sie wurde so populär, dass sie in 20 Sprachen übersetzt wurde. Dabei lässt sich die wissenschaftliche Studie, die in der Nachricht zitiert wird, gar nicht finden.

Wenn Sie die vier Zusammenfassungen vergleichen, sehen Sie, dass der Inhalt unterschiedlich ist: Je nach Aufgabenstellung haben Sie unterschiedliche Informationen ausgewählt und als wichtig erachtet. Entsprechend unterscheidet sich auch der Umfang der Texte. „Wichtig" ist also keine absolute Größe, sondern etwas, das sich auf ein Ziel bezieht. Stellen Sie sich bei der Bearbeitung eines Texts deshalb immer die Frage: Wofür sollen die ausgewählten Informationen wichtig sein?

Die Aufgaben in der Übung entsprechen typischen Situationen im Studium: Frage 1 – v. a. Prüfungs- und Seminarvorbereitung (vgl. Kap. 2.5.3), Frage 3 und 4 – Lesen v. a. für eine Hausarbeit (vgl. Kap. 2.5.4), Frage 2 – v. a. wenn Sie zusätzliche Texte lesen, um ein Thema oder einen vorgegebenen Text besser zu verstehen. Wichtig ist für Sie dann das, was neu für Sie ist und was Sie für das Verständnis des Themas benötigen. In dieser Situation ist das Auswahlkriterium ganz bewusst subjektiv.

2.5.3 Informationen mit Blick auf den Text als Ganzes auswählen

Im Studium gibt es Situationen, in denen Sie ohne weitere thematische Einschränkung die wichtigsten Informationen aus einem Text herausarbeiten sollen. Das kommt vor, wenn Sie ein Referat über einen Text halten, wenn Sie sich auf eine Prüfung vorbereiten oder wenn Sie die Lektüre für eine Seminarsitzung vorbereiten. Manche Lehrende verlangen auch, Fachliteratur schriftlich zusammenzufassen oder Exzerpte anzufertigen. Die Aufgabe, den gesamten Inhalt zu erfassen und darzustellen, ruft häufig Unsicherheiten hervor, weil Sie keine expliziten Angaben haben, wofür die zusammengefassten Informationen wichtig sein sollten.

Versuchen Sie dann möglichst, inhaltliche Kriterien ausfindig zu machen oder selbst aufzustellen, die Ihnen eine Auswahl von Informationen aus dem Text ermöglichen. Machen Sie sich dafür das Thema der Prüfung oder des Seminars bewusst und vergleichen Sie es mit dem Gesamtthema des Texts. Wahrscheinlich werden Sie dann feststellen, dass Sie konkrete Aspekte oder Fragen formulieren können, die Ihnen die Auswahl von Informationen erleichtern. **Beispiel:** Wenn Sie in einem Seminar zu psychologischen Entwicklungstheorien ein Referat über Klaus Hurrelmann halten sollen, benötigen Sie keine Detailinformationen zu seinen Vorschlägen zur Schulreform, sondern nur zu seinem Sozialisationsmodell des Jugendalters.

Um Informationen auszuwählen, können Sie einzeln oder nacheinander folgende Strategien einsetzen:

Strategien zur Auswahl von Informationen ohne Themenvorgabe

- Lesen Sie Einleitung und Schluss/Fazit, um das Grundanliegen des Autors oder der Autorin herauszufinden. Hilfreich können weitere Textteile sein, auf die Sie sich auch beim Überfliegen konzentrieren (vgl. S. 26).
- Nutzen Sie den Gedächtnisfilter: Überfliegen Sie einen Text ganz oder lesen Sie ihn sehr schnell und notieren Sie danach, was Sie sich gemerkt haben.
- Wenden Sie die Arbeitstechnik „Exzerpieren Absatz für Absatz" (vgl. S. 68) auf selbst gesetzte Sinnabschnitte an (hierbei können Sie sich je nach Länge des Texts an Kapiteln oder Absätzen orientieren). Überlegen Sie für jeden Abschnitt das Thema und die Hauptaussage, die über dieses Thema getroffen wird. Diese Stichworte ergeben ein inhaltliches Gerüst des Texts.
- Ändern Sie Ihren Blick auf den Text: Überlegen Sie, was Sie weglassen können, ohne dass die für Ihren Zweck relevante Grundaussage verloren geht.
- Stellen Sie W-Fragen an den Text, um so seine Kerninhalte zu formulieren, z. B. Wer? Was? Wann? Wo? Weshalb? Wozu? Wie? Wie viele?
- Formulieren Sie aus Ihrem Vorwissen über das Thema und aus dem thematischen Zusammenhang, in dem Sie den Text lesen, Fragen und beantworten Sie diese mit Informationen aus dem Text.

Sie können sich auch ein **Raster für bestimmte Aspekte** überlegen und es mit Informationen aus dem Text füllen. So gehen Sie besonders systematisch vor und können bei einer mündlichen Prüfung oder einem Referat den Inhalt des Texts aus einer übergeordneten Perspektive darstellen oder verschiedene Texte vergleichen. Es bietet sich an, hierfür eine Tabelle anzulegen. Für viele wissenschaftliche Texte können Sie das folgende Raster verwenden (das Beispiel bezieht sich auf Schladt 1997):

- Die **Frage oder Problemstellung**, die in dem Text untersucht wird
  Beispiel: Wie werden in 18 verschiedenen Sprachen Kenias Körperteile konzeptionalisiert und welche sprachlichen Mittel werden hierfür eingesetzt?
- Der **Zusammenhang**, in dem das Thema steht (möglicherweise auch andere Texte, die als Grundlage zitiert werden)
  Beispiel: Kognitive Linguistik, Afrikanistik, Sprachvergleich

- Definitionen der im Text verwendeten **Begriffe**
  Beispiel: Kategorisierung, Metapher, Metonymie, Taxonomie, Partonomie
- Wissenschaftliche **Methode/Vorgehensweise**
  Beispiel: Befragung von Informanten (empirisch) und theoriegeleitete
  Analyse der Ergebnisse
- **Theorien**, die im Text verwendet oder entwickelt werden
  Beispiel: Theorie der natürlichen Kategorisierung, Lakoff/Johnson
  (Kategorien, Metaphern)
- **Ergebnisse** der Untersuchung
  Beispiel: Selbst in den Sprachen, die nicht verwandt sind, werden
  Körperteile auf eine ähnliche Art identifiziert und bezeichnet. Das
  zeigt, dass der Benennung universelle Prinzipien der menschlichen
  Wahrnehmung zugrunde liegen.

Das passende Raster ist vom Fach, der Art des Texts und der in ihm verwendeten wissenschaftlichen Methodik abhängig, so können Sie z. B. auch die Struktur einer Argumentation herausarbeiten (vgl. Kap. 3.4.3). Weitere für wissenschaftliche Texte typische Grundstrukturen, die Sie auf ähnliche Weise verwenden können, finden Sie in Kap. 3.4.1 und 3.4.2.

2.5.4 Informationen mit Blick auf die eigene Fragestellung auswählen

Die typische Situation beim Schreiben einer wissenschaftlichen Hausarbeit ist, dass Sie eine ganz bestimmte Frage oder ein eng gefasstes Thema bearbeiten. Wichtig in einem Text, den Sie lesen, sind dann die Informationen, die diese Frage oder dieses Thema betreffen. Je klarer Ihnen Ihr eigenes Thema ist, desto besser können Sie entscheiden, welche Informationen für Sie relevant sind. Wenn Ihnen ein Hausarbeitsthema vorgegeben wird, müssen Sie es in der Regel noch weiter eingrenzen. Nutzen Sie deshalb die Phase des Einlesens, um eine genaue Vorstellung vom Umfang Ihres Themas zu bekommen und mögliche Unterthemen zu identifizieren.

Übung Lektürejournal

Sammeln Sie während des Einlesens alle Fragen, die Sie in Verbindung mit Ihrem Thema sehen. Schreiben Sie eine Liste und unterstreichen Sie nach der Phase des Einlesens die Fragen, die Sie besonders interessant finden.

Die Eingrenzung des Themas ist nicht nur wichtig, um Texte effizient zu lesen, sondern zählt in vielen Fächern zur Eigenleistung beim Schreiben einer Hausarbeit. In einer wissenschaftlichen Arbeit geht es nicht darum, einfach alles zu einem Thema aufzuschreiben, sondern einen ganz bestimmten Aspekt herauszuarbeiten und dadurch die gelesenen Informationen in einen neuen Zusammenhang zu stellen. In vielen Fächern und von vielen Lehrenden wird als Konkretisierung verlangt, dass Sie entweder eine Frage formulieren, die Sie mit Ihrer Hausarbeit beantworten, oder eine These aufstellen, die Sie durch Ihre Argumentation in der Regel belegen. Gerade bei größeren Arbeiten kann es nützlich sein, auch für jedes Unterkapitel eine Frage zu formulieren.

Tipp

Schreiben Sie die Frage, die Sie in Ihrem eigenen Text (oder einem Textteil) beantworten wollen, auf eine Karte und hängen Sie diese über den Schreibtisch oder verwenden Sie sie als Lesezeichen. So haben Sie die Frage für die Auswahl der Informationen beim Lesen immer im Blick.

In den naturwissenschaftlichen und technischen Fächern spielt die Einbeziehung von gelesener Literatur neben der Einleitung vor allem bei der Diskussion der eigenen Ergebnisse eine Rolle. Das Auswahlkriterium für die Informationen aus der Fachliteratur sind dann die Ergebnisse Ihrer eigenen Forschung, die Sie diskutieren wollen.

Wenn Sie aus einem Text nur die Informationen zu einem bestimmten Thema auswählen, kann es sinnvoll sein, sich hierzu Notizen zu machen (z. B. im Metasystem oder am Beginn eines Exzerpts), um die Auswahlkriterien nicht zu vergessen:

- Zweck/Thema, zu dem Sie die Notizen gemacht haben, und Teile des Textes, die Sie gelesen haben
- Themen, die in dem Text noch behandelt werden, die Sie aber nicht ausgewertet haben
- Aspekte des Texts, bei denen Sie sich nicht sicher sind, ob Sie sie möglicherweise doch benötigen werden, z. B.: *Falls ich doch die Biographie von Newton darstellen will: S. 20-24 gute Zusammenfassung*

Wenn Sie sich zusätzlich Inhaltsverzeichnis oder Abstract des Texts kopieren, können Sie sich später leicht an den Zusammenhang erinnern, in dem die Informationen, die Sie notiert haben, standen.

2.6 Gut verwertbare Lesenotizen

Für das wissenschaftliche Schreiben lesen Sie meistens mehr Texte, als Sie sich problemlos merken können. Um später korrekt zitieren zu können, müssen Sie nicht nur wissen, was Sie gelesen haben, sondern auch, wo Sie es gelesen haben. Wer kennt nicht die unangenehme Situation, einen gelesenen Gedanken vage im Kopf zu haben, aber nicht mehr zu wissen, wo er steht? Dann geht das Blättern in Büchern, Kopien und Aufzeichnungen los. Oder stand der Gedanke doch in dem Buch, das ich über Fernleihe bestellt hatte und längst abgegeben habe? Lesen im Studium und beim wissenschaftlichen Arbeiten ist deshalb typischerweise damit verbunden, sich Notizen zu machen. Die Interaktion mit dem Gelesenen durch das „Lesen mit dem Stift in der Hand" kann zudem die Konzentration und das Textverständnis positiv beeinflussen. Schreiben Sie sich dabei auch gleich Ihre eigenen Gedanken zum Thema auf, damit Sie sie nicht vergessen. Sehr wichtig sind Notizen auch bei der Vorbereitung auf Prüfungen: Trennen Sie Lesen und Lernen voneinander und fertigen Sie sich für das Lernen eigene Übersichten an.

Tipp

Schreiben Sie bei allen Notizen sofort die Literaturangabe auf. Das macht zwar erst einmal Arbeit und fordert Disziplin – spart aber später viel Zeit und schont die Nerven!

Es ist sinnvoll, sich frühzeitig Gedanken darüber zu machen, wie Sie sich beim Lesen Notizen machen können, die Sie später beim Schreiben Ihrer Arbeit möglichst gut verwenden können. Die Art und Weise, wie (und wo) Sie sich Notizen machen, ist von verschiedenen Faktoren abhängig:

- **Wofür wollen Sie die Notizen verwenden:** zum Lernen für eine Prüfung, für ein mündliches Referat oder für eine schriftliche Arbeit?
  Bei reinem Lernstoff ist es häufig nicht so wichtig, detaillierte Literaturangaben zu machen, meistens reicht es, Autor und Jahr der Texte zu

kennen. Es kann sehr hilfreich sein, Lernstoff so aufzubereiten, dass Sie ihn mit einem Blick erfassen können.

- **Wie lange wollen Sie Ihre Notizen verwenden?**
  Wenn Sie diese Woche lesen, nächste Woche Ihre Hausarbeit schreiben und sich nie wieder mit dem Thema beschäftigen wollen, können Sie sich stärker auf Ihr Gedächtnis verlassen. Wenn Sie aber ein längerfristiges Projekt bearbeiten oder wenn es wahrscheinlich ist, dass Sie zu dem Thema (z. B. bei der Abschlussprüfung) zurückkommen werden, ist es sinnvoll, ausführlichere Notizen zu machen, die Sie auch noch nach mehreren Wochen, Monaten oder gar Jahren verstehen können.

- **In welcher Form liegen Ihnen die Texte vor, die Sie lesen?**
  Wenn Sie mit Kopien, eigenen Büchern oder Dateien arbeiten, können Sie Randnotizen oder Unterstreichungen verwenden; wenn Sie mit Büchern aus der Bibliothek arbeiten, geht das nicht.

- **Wie viel Literatur haben Sie zu bewältigen?**
  Je mehr Sie lesen wollen oder müssen, desto wichtiger ist es, sich ein System zu überlegen, mit dem Sie gezielt bestimmte Informationen in Ihren Aufzeichnungen suchen können.

- **Wie komplex ist das Thema und wie schwierig sind die Texte?**
  Wenn Sie sich mit einem Thema beschäftigen, das ganz neu für Sie ist, ist es auf jeden Fall sinnvoll, systematisch Lesenotizen zu machen. So setzen Sie sich intensiv mit den Texten auseinander und verstehen sie besser. Hilfreich sind auch Visualisierungen, um sich einen Überblick über die Zusammenhänge zu verschaffen.

Wählen Sie aus den Arbeitstechniken, die Sie in den folgenden Unterkapiteln kennenlernen, diejenigen aus, die am besten zu der Aufgabe passen, die vor Ihnen liegt. Selbstverständlich können Sie auch unterschiedliche Formen von Notizen kombinieren. Die zuerst vorgestellten Techniken eigenen sich besonders, wenn Sie eng am Text arbeiten wollen, die späteren können Sie einsetzen, wenn Sie sich stärker an Ihrem eigenen Leseziel bzw. an der Fragestellung Ihrer Arbeit orientieren wollen.

Wenn Sie sich bereits Notizen machen und mit dem Erfolg zufrieden sind, können Sie die Beschreibung der Techniken überspringen oder nur Beispiele und Übungen lesen. So können Sie Ihre individuelle Arbeitsweise überprüfen und optimieren.

Tipp

Schreiben Sie sich eine Liste für alle Farben, Symbole und Abkürzungen, die Sie beim Unterstreichen oder bei Notizen verwenden (ähnlich wie die Legende bei einer Landkarte). So wissen Sie auch noch nach längerer Zeit, was Sie damit gemeint haben.

2.6.1 Unterstreichungen

Wenn Ihnen die Texte gehören, die Sie lesen (als Dateien, Kopien, Bücher), können Sie das für Sie Wichtige in einem Text unterstreichen. So können Sie sich eine Orientierung im Text erarbeiten und sicherstellen, dass Sie bei der weiteren Verwendung schnell die für Sie relevanten Passagen finden. Die Voraussetzung für gut verwertbare Unterstreichungen ist, dass Sie sich Ihr Leseziel und Ihre Auswahlkriterien vergegenwärtigen. Bedenken Sie aber, dass Unterstreichungen oder Randbemerkungen bei einer zweiten Lektüre Ihre Wahrnehmung lenken und Sie dieses Exemplar des Texts nicht noch einmal unvoreingenommen lesen können. Dies werden Sie auch merken, wenn Sie die Übung in Kapitel 4.8.1 machen.

Um die Übersichtlichkeit zu erhöhen, können Sie unterschiedliche Farben oder Linienformen einsetzen und so z. B. Definitionen, Grundaussagen des Texts, Literaturhinweise, für Sie offene Fragen oder spezielle Analyseaspekte getrennt hervorheben. Sinnvoll ist es auch, Schlüsselbegriffe zu markieren, die für den Inhalt des Texts besonders zentral sind und über die Sie den Inhalt schnell rekonstruieren können.

Unterstreichen Sie nicht zu viel; wenn Sie z. B. 80 % eines Texts unterstrichen haben, sinkt der Informationswert, weil Sie zu viel ausgewählt haben und bei der weiteren Verwendung des Texts erneut lesen müssen. Wenn Sie dazu neigen, sehr viel zu unterstreichen, können Sie sich selbst die Frage stellen: Weshalb will ich das unterstreichen? Wofür ist es wichtig?

Im folgenden Text ist das Ziel der Unterstreichungen, die Phase des flüssigen Lesens zu charakterisieren. Hierfür wurden die drei wichtigsten Punkte stark unterstrichen und weitere Erklärungen oder Schlussfolgerungen schwächer.

Beim Übergang von der Entzifferungsphase zum flüssigen Lesen nimmt nicht nur die Fähigkeit des Hirns zu decodieren und zu verstehen zu; es fühlt auch differenzierter als je zuvor. Die drei Hauptaufgaben des lesenden Gehirns bestehen im Erkennen von Mustern, Planen von Strategien und Fühlen (Rose 2002). Jede bildgebende Darstellung eines menschlichen Gehirns beim flüssigen, verstehenden Lesen zeigt dies deutlich mit der zunehmenden Aktivierung des limbischen Systems – dem Sitz unseres Gefühlslebens – und seiner Verbindung zur Kognition. Dieses System, das direkt unter der obersten Hirnrinde liegt, ist verantwortlich für unser Vermögen, als Reaktion auf eine Lektüre Vergnügen, Ekel, Entsetzen und Glück zu empfinden. Wie Rose anmerkt, hilft uns das limbische System, beim Lesen Prioritäten zu setzen und das Gelesene zu bewerten. Aufgrund dieser affektiven Leistung werden unsere Aufmerksamkeits- und Verständnisprozesse entweder aktiviert oder deaktiviert.

Beim flüssigen Lesen muss das Gehirn weniger Mühe investieren, weil seine spezialisierten Regionen gelernt haben, Repräsentationen für die wichtigen visuellen, phonologischen und semantischen Informationen zu erzeugen und diese blitzschnell abzurufen. Im Gehirn junger Leser, die lernen, flüssig zu lesen, wird die bihemisphärische Aktivierung durch ein effizienteres System in der linken Hemisphäre ersetzt (Shaywitz et al 2002, Sadak et al 2004).

Ist das Stadium des flüssigen Lesens erreicht, steht dem Gehirn schon bald die wichtigste Ressource fortgeschrittener Lesehirne zur Verfügung: Zeit. Wenn die Entzifferungsprozesse nahezu automatisch ablaufen, lernt das Gehirn, mit jeder hinzugewonnenen Millisekunde mehr metaphorische, folgernde, analogische, affektive Hintergrundinformationen und Erfahrungswissen zu integrieren. Zum ersten Mal in der Leseentwicklung arbeitet das Gehirn so schnell, dass es Denken und Fühlen trennen kann. Dieses Zeitgeschenk ist die physiologische Grundlage für unsere Fähigkeit wirklich zu lesen und zu verstehen.
(nach Wolf 2009, 166-170, gekürzt und adaptiert)

Abb. 1: Text mit Unterstreichungen

Unterstreichungen können sehr hilfreich sein,

- wenn Sie unmittelbar nach dem Lesen mit dem Text weiterarbeiten, indem Sie z. B. eine Zusammenfassung schreiben oder eine andere Notiztechnik verwenden,
- wenn der Text, den Sie lesen, Ihr Forschungsgegenstand ist (z. B. in den Literaturwissenschaften ein Primärtext oder den Geschichtswissenschaften ein Quellentext), den Sie intensiv analysieren wollen und auf den Sie bei der weiteren Arbeit immer wieder zurückkommen werden.

Ohne zusätzliche Notizen eignen sich Unterstreichungen nicht gut dafür, einen Text so aufzubereiten, dass Sie nach längerer Zeit wieder auf die ausgewählten Informationen zurückgreifen können.

> **Übung**
>
> Nehmen Sie einen Text, in dem Sie vor einiger Zeit Unterstreichungen vorgenommen haben. Werten Sie aus, wie Sie mit den Unterstreichungen weiterarbeiten können. Erkennen Sie schnell, warum Sie etwas unterstrichen haben? Geben Ihnen die Unterstreichungen einen guten Überblick? Reicht es aus, wenn Sie nur die markierten Stellen lesen? Überlegen Sie auf dieser Grundlage, was Sie das nächste Mal genauso machen wollen und was anders.
> Entwerfen Sie für die Unterstreichungen im nächsten Text, den Sie lesen wollen, ein Farbsystem und überprüfen Sie nach einiger Zeit, wie nützlich es für Sie ist.

2.6.2 Textnetz

Bei dieser Technik arbeiten Sie ähnlich wie bei Unterstreichungen unmittelbar in dem Text, den Sie lesen. Zusätzlich zur Auswahl und Hervorhebung bestimmter Informationen markieren Sie den Zusammenhang dieser Informationen durch Linien und Pfeile und analysieren so bestimmte inhaltliche Bereiche. So könnten Sie z. B. einen für Sie wichtigen Begriff umkreisen, alle Informationen zu diesem Begriff im Text unterstreichen und Verbindungslinien zu ihm ziehen. Durch die Verwendung verschiedener Farben und die Beschriftung der Verbindungslinien wird die Technik noch übersichtlicher. So können Sie sich z. B. bei einer Argumentation verschiedene Stränge und „rote Fäden" im Text verdeutlichen.

Im folgenden Text wird durch das Textnetz eine Übersicht über die verschiedenen Stoffwechselformen bei Organismen markiert.

Der [Stoffwechsel] funktioniert nur, wenn der Zelle genügend Energie zugeführt wird. Als Energiequelle nutzen Organismen entweder chemische Substanzen oder Licht. Nahrungsquellen können organischen oder anorganischen Ursprungs sein, man spricht von [chemoorganotropher] bzw. [chemolithotropher] Lebensweise. Letztere ist häufig bei prokaryotischen Mikroorganismen anzutreffen, deren Stoffwechsel sich wahrscheinlich unter unwirtlichen Bedingungen in der frühen Entwicklungsphase der Erde herausgebildet hat. Chemolithotrophe Organismen verwerten im Vergleich zum menschlichen Stoffwechsel recht ungewöhnliche Substrate wie reduzierte Schwefel- und Metallverbindungen, auch gasförmige Verbindungen wie Wasserstoff und Kohlenmonoxid. Aus der Oxidation dieser Stoffe beziehen sie biologisch verwertbare Energie. Bei der chemoorganotrophen Lebensweise, die auch dem Menschen eigen ist, werden dagegen organische Nährstoffe wie Zucker und Stärke in der Regel [mit Sauerstoff oxidiert]. Zahlreiche Mikroorganismen vermögen auch in Abwesenheit von Sauerstoff mit alternativen Elektronenakzeptoren wie Carbonat, Nitrat oder Sulfat organische Nährstoffe zu oxidieren. Diese Form des Stoffwechsels nennt man [„anaerobe Atmung"]. Ein weiterer unter [Ausschluss von Sauerstoff] ablaufender Metabolismus, der biochemisch verwertbare Energie bereitstellt, ist die [Vergärung] organischer Nährstoffe, beispielhaft in Hefezellen zu beobachten. In diesem Prozess werden Produkte freigesetzt, die biotechnologisch von Bedeutung sind, z. B. Alkohol und organische Säuren.

(nach Friedrich 2012, 26, gekürzt und adaptiert)

Abb. 2: Text mit Textnetz

Wenn Sie den Text zu einem späteren Zeitpunkt wieder ansehen, finden Sie auf einen Blick die Stoffwechselformen wieder. In einem weiteren Schritt könnten Sie die Notizen in ein Mindmap oder ein Concept-Map übertragen und so Ihr visuelles Gedächtnis aktivieren.

Der Vorteil dieser Technik liegt darin, dass Sie inhaltliche Zusammenhänge im Text deutlich machen können, die sich nicht unmittelbar in seinem Aufbau widerspiegeln. Das kann besonders dann nützlich sein, wenn Sie nur bestimmte Aspekte eines Texts interessieren, Sie sich für das Schreiben eines eigenen Texts vom Aufbau der Vorlage lösen wollen oder Lernstoff für eine Prüfung aufbereiten. Auch Texte, in denen die Informationen nicht gut strukturiert sind, können Sie mit dieser Methode auswerten. An eine Grenze stößt die Methode bei langen Texten, weil Sie nicht über mehrere Seiten Verbindungslinien ziehen können.

Übung

Nehmen Sie einen Text aus Ihrem Fach, überfliegen Sie ihn, legen Sie Ihr Leseinteresse fest und entwerfen Sie ein Textnetz. Werten Sie nach einigen Tagen aus, wie Sie mit dieser Form der Unterstreichungen weiterarbeiten können: Können Sie einen Zusammenhang zwischen den markierten Informationen herstellen, ohne den Text zu lesen? Geben Ihnen die Markierungen einen guten Überblick? Können Sie eine kurze Zusammenfassung der ausgewählten Informationen schreiben oder sie in ein Mindmap übertragen? Überlegen Sie auf dieser Grundlage, was Sie das nächste Mal genauso machen wollen und was anders.

2.6.3 Randnotizen

Wenn Sie zusätzlich oder alternativ zu Unterstreichungen Randnotizen am gelesenen Text anbringen, verarbeiten Sie das Gelesene intensiver, weil Sie selbst etwas formulieren und möglicherweise eine explizite Verbindung zu Ihrem Leseziel herstellen.

Randnotizen können unterschiedliche Inhalte haben:

- Ihre Reaktionen auf das Gelesene
  z. B. *!*, *??*, ☺, ☹, *Quatsch* oder *Super!* Notizen dieser Art geben Ihnen wahrscheinlich später kaum Informationen für die weitere Arbeit, weil Sie noch einmal nachlesen müssen, auf welche Inhalte sie sich beziehen. Immerhin führen sie dazu, dass Sie sich den Inhalt des Texts besser einprägen, weil Sie auf Ihre spontanen Reaktionen achten.
- Inhaltliche Aspekte des Texts
  So könnte am Rand des vorhergehenden Absatzes z. B. stehen: *Randnotizen zu emotionalen Reaktionen sind wenig informativ.* Notizen dieser Art ermöglichen es Ihnen, den Inhalt später rasch zu rekonstruieren. Wenn Sie Unterstreichungen mit einem Stichwort am Rand erläutern, wissen Sie genau, was Sie unterstrichen haben, z. B. *gute Definition von Europäischem Wirtschaftsraum.*
- Funktion eines Textabschnitts in der Textstruktur
  z. B. *Erläuterung der These, Argument 1, Ausführung des Gegenarguments.* Bei Aufzählungen können Sie Ziffern auf dem Rand notieren: *Drei Gründe für den Nutzen von Schreibberatung, 1 2 3.* Durch Notizen dieser Art können Sie sich Klarheit über den Textaufbau verschaffen und den Zusammenhang der dargestellten Informationen erkennen.

- Querverweise und weiterführende Ideen

  z. B. *Müller (1996, 77) definiert Symbol ganz anders* oder *Ein weiteres Beispiel für eine Wirtschaftsblockade wäre die Berlin-Blockade nach der Währungsreform im Westen.* Notizen dieser Art helfen Ihnen, Verbindungen zwischen unterschiedlichen Texten und zu Ihrem Vorwissen herzustellen.
- Bezug zu dem Text, den Sie schreiben wollen

  z. B. *Beispiel in der Einleitung verwenden!* oder: *Im Theoriekapitel mit der Definition von Müller vergleichen.* Randnotizen dieser Art ermöglichen es Ihnen, beim Schreiben systematisch auf die gelesenen Texte zurückzugreifen. Sie können jedoch wertlos werden, wenn Sie im Arbeitsprozess Ihre Gliederung noch einmal ändern.
- Eigene Gedanken oder Fragen

  z. B. *Was bedeutet „demokratischer Zentralismus"?* oder: *Eine weitere Form ist die Berufsberatung.* Randnotizen dieser Art bereiten Ihre inhaltliche Auseinandersetzung mit dem Gelesenen vor.

Meistens werden die unterschiedlichen Arten von Randnotizen kombiniert, wie im Beispieltext auf der nächsten Seite. (Einen Kommentar zu diesem Text finden Sie auf S. 121f.)

Um Ihre Randnotizen besonders übersichtlich zu gestalten, können Sie verschiedene Farben für die einzelnen Kategorien verwenden. Weitere Tipps für die Arbeit mit Randnotizen:

- Wenn Sie in die Bücher nicht hineinschreiben dürfen (oder wollen), können Sie Randnotizen auf Haftnotizen oder lose Blätter schreiben, die Sie in das Buch einlegen.
- Um mehr Platz auf den Seitenrändern zu haben, können Sie beim Kopieren oder Ausdrucken von Texten das Gerät auf „verkleinern" einstellen und so einen breiteren Rand erzeugen.
- Bei vielen elektronischen Dokumenten können Sie sehr bequem Randnotizen anbringen (z. B. „Überprüfen/Kommentar einfügen" in Word, Notizen in vielen pdf-Readern). Prüfen Sie, ob sich die elektronischen Randnotizen speichern, ausdrucken oder exportieren lassen.
- Wenn Sie merken, dass Sie zu einigen Punkten sehr viel auf den Rändern notieren wollen, können Sie überlegen, ob nicht ein Exzerpt oder ein Eintrag im Lektürejournal praktischer für Sie ist.

Randnotizen sind eine gute Möglichkeit, einen Text intensiv zu bearbeiten und schon beim Lesen eine Verbindung zu anderen Texten, Ihrer Prüfung oder Hausarbeit herzustellen. Sie helfen jedoch nicht, um sich bei umfang-

Intellektuelle Stile und Theoriebildung

Der britische Hang zur Dokumentierung ist so sprichwörtlich wie die US-amerikanische Liebe zur Statistik. Alle Quellen gründlich erforscht zu haben, alle Daten zusammengestellt zu haben, ohne etwas zu verschleiern, ist das entscheidende Kriterium für Wissenschaftlichkeit. Britische Historiker und britische Anthropologen sind dafür bekannt und geachtet, daß sie mit außerordentlicher Kunstfertigkeit und Energie eine ungeheure Vielfalt von Details, von Daten aller Art zu Tage fördern. Sie sind gewiß nicht dafür bekannt, daß sie umfassende, mitreißende Theorien und grandiose Perspektiven entwickeln. Das höchste, an das sie sich heranwagen würden, wären Mertons sprichwörtliche „Theorien mittlerer Reichweite": eine Reihe kleiner, in der Landschaft verstreuter Pyramiden, die von keiner Super-Pyramide überwölbt werden.

Für den teutonischen und gallischen Intellektuellen besteht das Zentrum der intellektuellen Tätigkeit dagegen in der Theoriebildung. Die Funktion von Daten besteht darin, vor allem zu illustrieren und nicht zu beweisen. Deshalb werden sie nicht einmal erkennen, wenn es ihnen ein bißchen an Dokumentierung fehlt, an Belegen, die das stützen, was sie sagen.

Dabei ist die teutonische Theoriebildung vor allem rein deduktiver Natur. Sie lässt sich von der grundlegenden Idee der Gedankennotwendigkeit leiten; hat man erst einmal die Prämissen und gewisse Regeln des logischen Schließens akzeptiert, so ergibt sich eben die Schlußfolgerung. Ziel ist es, von einer kleinen Zahl von Prämissen zu einer großen Zahl von Schlußfolgerungen zu gelangen, die ein möglichst weites Untersuchungsgebiet betreffen. Die Teutonen sind Meister im Errichten solcher gedanklicher Pyramiden.

Das gallische Verfahren der Theoriebildung ist dagegen nicht unbedingt deduktiv. Die Wörter dieser Theorien verfügen über Konnotationen, sie haben Überzeugungskraft. Aber es kann sein, dass diese Überzeugungskraft weniger von einer logischen Struktur ausgeht, als vielmehr von einer bestimmten künstlerischen Qualität, weniger von der Implikation als von der élégance. Hinter dieser élégance steckt nicht nur die Beherrschung eines guten Stils, im Gegensatz zu der dürren Prosa der deutschen Sozialwissenschaften, sondern auch das Spiel mit Worten und ihren Bedeutungen, der Einsatz von Alliterationen und mannigfaltigen semantischen und sogar typographischen Kunstgriffen. Die Dinge existieren in einer Totalität; es eignet ihnen eher eine Balance als ein Zentrum und ein Gipfel, wie es die Pyramidenmetapher für den teutonischen Stil anzeigt. Aber diese Totalität läßt sich nicht durch rigorose Deduktion darstellen. Man kann sie nur andeuten, man muß sie umtanzen und aus vielen Blickwinkeln betrachten, bis sie am Ende zwischen zwei Polen schwebend ruht.

(nach Galtung 1985, 161-166, gekürzt und adaptiert)

Randnotizen:

1. UK/USA: Daten

Gilt das nicht allgemein? —> Mit Wissenschaftstheorie vergleichen!

(((

2. „Teutonisch" (≈ deutsch): Theorie (Deduktion)

—> Weltformel?

3. „Gallisch" (≈ franzoenisch: Theorie (Stil, Sprache) ?!?

vgl. Sokal/Brikmont 1999

!!! genau !

☺ Tanz statt Text!

Abb. 3: Text mit Unterstreichungen und Randnotizen

reichem Material einen Überblick über das Gelesene zu verschaffen: Wenn Sie ausschließlich Randnotizen und Unterstreichungen verwenden, müssen Sie für die weitere Arbeit immer wieder alle Texte durchblättern.

Übung

Nehmen Sie einen Text aus Ihrem Studium, den Sie bereits mit Randnotizen versehen haben, oder bearbeiten Sie einen Text nach den Anregungen in diesem Kapitel. Werten Sie nach einigen Tagen aus, wie Sie mit den Randnotizen weiterarbeiten können. Ermöglichen Ihnen die Notizen eine gute Orientierung? Helfen sie Ihnen, den Inhalt des Texts schnell zu erfassen, ohne ihn erneut ganz zu lesen? Können Sie durch die Kombination aus Randnotizen und Unterstreichungen gezielt auf wichtige Passagen zugreifen? Überlegen Sie sich auf dieser Grundlage, was Sie das nächste Mal genauso machen wollen und was anders.

2.6.4 Exzerpte und Textzusammenfassungen

Exzerpte sind Lesenotizen, die Sie nicht auf den Textrand, sondern auf ein separates Blatt, in ein Heft oder in eine Datei schreiben. Exzerpieren bedeutet wörtlich „herauspflücken" und übertragen, „einen Auszug machen", also das Wichtigste aus einem Text herausschreiben. Heute gibt es nur noch wenige Situationen, in denen das Exzerpieren technisch notwendig ist, z. B. wenn Sie eine große Menge Bücher entliehen haben, wenn Sie mit historischen Dokumenten arbeiten, die nicht kopiert werden dürfen, wenn Dokumente nur online verfügbar sind und Sie nicht ausdrucken können oder aber wenn Sie zu den Menschen gehören, die Unterstreichungen und Randnotizen in Texten aus ästhetischen Gründen ablehnen.

Wenn Sie normalerweise beim Lesen viel unterstreichen, es für Sie aber ungewohnt ist oder Ihnen schwerfällt, Notizen anzufertigen, können Sie folgende Übung ausprobieren:

Übung

Lesen Sie einen Text aus Ihrem Fach. Nutzen Sie den Impuls, etwas unterstreichen zu wollen, für das Exzerpieren: Bremsen Sie sich und schreiben stattdessen in eigenen Worten auf,
• was Sie unterstreichen wollen,
• warum Sie es unterstreichen wollen.

Manche Lehrende stellen in Seminaren die Aufgabe, Exzerpte von bestimmten Texten anzufertigen und abzugeben. Vergewissern Sie sich in diesem Fall, ob private Lesenotizen in einer freien Form gemeint sind oder ob es bestimmte Regeln für die Aufgabe gibt. Ausführliche Beispiele finden Sie in Schindler (2011) (vgl. S. 147).

Als Arbeitstechnik ist das Exzerpieren trotz Kopiergerät und Scanner sinnvoll, denn einen Text kopiert zu haben, bedeutet noch nicht, ihn gelesen, verstanden und für die weitere Verwendung aufbereitet zu haben. Exzerpieren ist dann besonders nützlich, wenn Sie die Informationen aus den gelesenen Texten für eine eigene Hausarbeit verwenden wollen und wenn Sie über einen längeren Zeitraum viele Texte zu einem Thema bearbeiten. Durch Textzusammenfassungen setzen Sie nicht nur das Gelesene zu Ihrem eigenen Thema in Beziehung, sondern üben auch das wissenschaftliche Formulieren. So können Sie sich den Übergang vom Lesen zum Schreiben wesentlich erleichtern.

Beim Exzerpieren haben Sie dieselben inhaltlichen Möglichkeiten wie bei den Randbemerkungen. Hinzu kommt die Aufgabe, im Exzerpt den für Sie relevanten Inhalt des gelesenen Textes wiederzugeben, so dass Sie ihn auch nachvollziehen können, wenn Sie den Text nicht mehr vor Augen haben. Sie können auch systematisch Abschnitt für Abschnitt vorgehen und so ein gründliches Textverständnis erarbeiten (vgl. Kap 3.2 und 3.4.3 für weitere Tipps und Beispiele).

Tipp

Legen Sie in Ihrem Computer eine Dokumentenvorlage „Exzerpttabelle" an oder verwenden Sie ein Literaturverwaltungsprogramm. Viele Programme schlagen Ihnen Eingabemasken vor, die Sie dabei unterstützen, sich systematisch Notizen zu machen.

Es bietet sich an, ein Exzerpt als Tabelle anzulegen mit z. B. je einer Spalte für die Textpassage, den Inhalt sowie für eigene Gedanken, Fragen oder Querverweise. In der folgenden Beispieltabelle finden Sie ein Exzerpt zum Text auf S. 44, das auf der Grundlage der Unterstreichungen erstellt wurde. Wenn Sie wollen, können Sie, bevor Sie weiterlesen, selbst ein Exzerpt zu diesem Text anfertigen.

Literaturangabe: Wolf (2009)

Absatz	Inhalt der Textpassage	Fragen, Querverweise, eigene Gedanken
1	*In der Phase des flüss. Lesens spielt Fühlen in Verbindung mit Kognition eine große Rolle. Zeigt sich an erhöhter Aktivität des limb. Systems. Folge: Bewertung des Gelesenen möglich, Regulierung von Aufmerksamkeit und Verstehen*	*Wann beginnt diese Phase eigentlich?* *Mit Überlegungen zu emotionalen Randnotizen verbinden: Wenn Gefühle für das Verstehen wichtig sind, dann spielt das doch auch bei Fachtexten eine Rolle, oder?*
2	*Gehirn wird umorganisiert: „effizienteres System in der linken Hemisphäre"* ➜ *Kapazität im Gehirn eingespart*	
3	*Entziffern ist automatisiert* ➜ *Zeit, um gleichzeitig mit Lesen nachzudenken. Fazit: „Dieses Zeitgeschenk ist die physiologische Grundlage für unsere Fähigkeit wirklich zu lesen und zu verstehen."*	*Und wenn man später lernt, eine Fremdsprache zu lesen? Muss da das Hirn alles noch einmal von vorne machen oder fängt man gleich mit dem flüssigen Lesen an? Wahrscheinlich läuft vieles wie in der Erstsprache, schließlich sind die Veränderungen im Gehirn durch das Lesenlernen da schon abgeschlossen.*

Die Tabelle kann je nachdem, wofür Sie die Informationen benötigen, unterschiedlich aussehen. Sie können z. B. auch Ideen dazu aufnehmen, in welchem Kapitel Ihrer Hausarbeit Sie diese Informationen verwenden wollen. Wenn Sie zu viele Spalten vermeiden wollen, können Sie Ihre eigenen Kommentare in geschweifte Klammern setzen {}.

Checkliste für Exzerpte

- Sind wörtliche Zitate eindeutig von Formulierungen in eigenen Worten zu unterscheiden?
- Haben Sie eindeutig markiert, wann Sie den Text wiedergeben und wann es sich um weiterführende Gedanken oder Verweise handelt (z. B. durch eine Tabelle oder Klammern wie [ ], { })?
- Haben Sie die genaue Textstelle angegeben (z. B. Seite, Absatz oder Zeile)?
- Haben Sie die Literaturangabe notiert?

Wenn Sie Exzerpte anfertigen, haben Sie zwei Leistungen erfüllt: Sie haben den Text auf die Informationen reduziert, die für Ihre Leseabsicht relevant sind, und Sie haben sie in eigenen Worten formuliert. So gehen Sie sicher, dass Sie nichts abschreiben, was Sie nicht verstanden haben.

Übung

Nehmen Sie ein älteres Exzerpt oder fertigen Sie eines zu einem Text aus Ihrem Studium an. Werten Sie nach einigen Tagen aus, wie Sie mit dem Exzerpt weiterarbeiten können. Können Sie Ihre Notizen nachvollziehen, ohne den Text noch einmal anzusehen? Können Sie immer klar zwischen wörtlichem Zitat, eigener Zusammenfassung des Textes und weiterführenden Gedanken unterscheiden? Überlegen Sie auf dieser Grundlage, was Sie das nächste Mal genauso machen wollen und was anders.

2.6.5 Form der Notizen: Stichwort, wörtliches Zitat oder Zusammenfassung

Um den Inhalt des gelesenen Texts in Ihren Notizen wiederzugeben, können Sie zu unterschiedlichen Methoden greifen, die jeweils bestimmte Vorteile und Risiken haben: Stichworte, wörtliche Zitate oder Zusammenfassungen in eigenen Worten:

Stichworte	
Vorteile	**Nachteile**
• Es geht schnell.	• Die Stichworte sind möglicherweise
• Es ist übersichtlich.	schon nach einigen Wochen nicht
• Sie können Ihre Notizen später	mehr eindeutig verständlich und
schnell erfassen.	geben nicht den Sinnzusammenhang
	des Texts wieder.

Tipp
• Verwenden Sie Stichworte nur dann, wenn Sie Ihre Notizen schon bald nach dem Lesen weiterverwenden wollen.
• Achten Sie auch bei Stichworten darauf, dass Sie immer eine Antwort auf die W-Fragen geben: Wer? Tut was? So sind sie länger verständlich.

Passagen wörtlich abschreiben	
Vorteile	**Nachteile**
• Es ist einfach, v. a. wenn Sie wörtliche Zitate aus elektronischen Dokumenten kopieren können. • Sie haben für die spätere Arbeit den Wortlaut des Originaltexts vor Augen. • Sie brauchen den Text nicht noch einmal vorzunehmen, wenn Sie ein wörtliches Zitat verwenden wollen.	• Beim wörtlichen Abschreiben verarbeiten Sie den Text gedanklich nicht weiter. • Wenn Sie nur einzelne wörtliche Zitate aufschreiben, wissen Sie möglicherweise später nicht, worum es insgesamt in dem Text geht und weshalb Sie die Passage wichtig fanden. • Die für Ihr Leseinteresse relevanten Aussagen sind nicht immer in einzelnen Sätzen des Texts formuliert.

Tipp
• Nur in Maßen und nicht als einzige Methode einsetzen!
• Nutzen Sie diese Strategie für besonders wichtige Textstellen (z. B. Definitionen), die Sie später auch wörtlich zitieren wollen. Wenn Sie Notizen mit Unterstreichungen im Text kombinieren, können Sie auf geeignete wörtliche Zitate verweisen, ohne diese abzuschreiben.

Zusammenfassung in eigenen Worten	
Vorteile	**Nachteile**
• Sie prüfen beim Schreiben, ob Sie den Text verstanden haben. • Sie üben das Formulieren und entwickeln in den Notizen schon Teile Ihres späteren Texts.	• Es kostet Zeit. • Das Formulieren in eigenen Worten kann Unsicherheiten hervorrufen.

Tipp
• Wenn Sie sich unsicher fühlen, Gelesenes in eigenen Worten zusammenzufassen, können Sie dies üben. Tipps finden Sie in Kapitel 4.2-4.7.
• Kombinieren Sie Notizen in Stichworten und wörtliche Zitate mit einer Kurzzusammenfassung in eigenen Worten. Schreiben Sie für jeden Text in zusammenhängenden Sätzen auf, was für Sie das Wichtigste ist und was Sie aus diesem Text für Ihre eigene Arbeit brauchen werden.

Die folgende Übung zeigt Ihnen, welche Art von Notizen für Sie besonders hilfreich ist. Möglicherweise werden Sie überrascht sein, wie einfach es ist, auf der Grundlage der Notizen in eigenen Formulierungen eine vollständige Zusammenfassung zu schreiben.

Übung

Probieren Sie aus, wie Sie mit Stichworten, wörtlichen Zitaten und eige-
nen Formulierungen weiterarbeiten können: Fertigen Sie zu je 1-2 Seiten
Text aus Ihrem Fach auf unterschiedliche Weise Notizen an:
- Nur Stichworte
- Nur wörtliche Zitate
- Nur Zusammenfassungen in eigenen Worten

Lassen Sie die Notizen ein paar Tage liegen und verwenden Sie sie dann,
um eine Zusammenfassung des Textabschnitts zu schreiben oder den
Inhalt nachzuerzählen. Ist dies möglich, ohne den Text noch einmal zu
lesen? Wie sicher fühlen Sie sich beim Formulieren? Vergleichen Sie Ihre
Zusammenfassungen mit dem Originaltext und prüfen Sie, ob Sie mit
dem Ergebnis zufrieden sind. Überlegen Sie auf dieser Grundlage, welche
Mischung aus selbständigen Formulierungen, wörtlichen Zitaten und
Stichworten für Sie sinnvoll ist.

2.6.6 Mindmap, Concept-Map und andere Visualisierungsmethoden

Wenn Sie sich die Struktur und den Inhalt eines Texts in konzentrierter
Form deutlich machen wollen, kann es hilfreich sein, den Inhalt mit einer
Visualisierungstechnik aufzubereiten. Unterstreichungen, ein Textnetz
und Randbemerkungen im Text können hierfür eine gute Vorbereitung
sein. Eine Visualisierung unterstützt Sie dabei, sich vom Ablauf und Wortlaut des Texts zu lösen und auf den Sinnzusammenhang zu konzentrieren.
Sie kann deshalb ein Zwischenschritt zum Formulieren eines eigenen
Texts sein oder eine einprägsame Übersicht, wenn Sie für eine Prüfung
lernen wollen. Aus demselben Grund können Sie Visualisierungen gut
einsetzen, wenn Sie den Aufbau und die Argumentation eines Texts analysieren und kritisch überprüfen wollen. Weil Sie bei der Visualisierung
von Textinhalten die einzelnen Informationen aus dem linearen Textab-
lauf herauslösen, ist es sinnvoll, sich hinter jeder Information die Seitenzahl zu notieren. Je nach Text, Ziel und Vorlieben bieten sich unterschiedliche Visualisierungstechniken an.

Bei einem **Mindmap**, einer ursprünglich von Tony Buzan entwickelten
Visualisierungstechnik, werden die Textinhalte graphisch so angeordnet,
dass Struktur und Zusammenhänge mit einem Blick erkennbar werden.
Das Thema steht in der Seitenmitte. Von dort zweigen die Hauptäste des

Mindmaps ab, auf denen in Schlagworten die übergeordneten Aspekte stehen. Von diesen Hauptaspekten können weitere untergeordnete Aspekte abzweigen. Um zu einem Text ein Mindmap zu erstellen, können Sie folgendermaßen vorgehen: Identifizieren Sie die für Sie relevanten Themen und Schlagworte in einem Text, gruppieren Sie diese nach inhaltlichen Aspekten und ordnen Sie sie in der Form eines Mindmaps an. Häufig ist es notwendig, mehrere Versionen zu entwerfen, bis Sie passende Oberbegriffe gefunden haben und mit der Zuordnung aller Aspekte zufrieden sind.

Übung

Lesen Sie die Kapitel 4.2 bis 4.8 dieses Buchs und entwerfen Sie ein Mindmap zu den Regeln, die für die Textwiedergabe in wissenschaftlichen Arbeiten gelten. (Lösungsvorschlag S. 57)

Concept-Maps unterscheiden sich von Mindmaps darin, dass sie kein Zentrum haben müssen, nicht hierarchisch aufgebaut sind und damit auch keine Reihenfolge implizieren. Zusätzlich zu den Schlagwörtern, die einen Inhaltsbereich beschreiben, werden auch die Verbindungen benannt, die zwischen ihnen bestehen und mit Pfeilen gekennzeichnet. Concept-Maps können Sie gut einsetzen, um komplexe Wechselbeziehungen oder Regelkreise darzustellen. Sie sind damit besser geeignet, um komplexe Wissensbereiche für das Lernen aufzubereiten, als auf das Schreiben einer Textzusammenfassung vorzubereiten.

Übung

Lesen Sie den folgenden Text und erstellen Sie ein Concept-Map, das die Entwicklung des Weizens abbildet. Markieren Sie hierfür zuerst die Zusammenhänge im Text und stellen Sie diese dann graphisch dar.

Seit Jahrtausenden stellt Weizen eine wichtige Nahrungsquelle für Mensch und Tier dar. Seine Evolution ist etwas ganz Besonderes, da er die Genome verschiedener Arten trägt (Saedler 2011a). Die wilden Einkorn-Ähren sind diploid, haben also jeweils einen Chromosomensatz von der Mutter und einen vom Vater. Ihr Genom wird mit AA bezeichnet. Hexaploider Weizen hat ein AA BB DD-Genom, enthält also 3 unterschiedliche Genome von verschiedenen Arten.

Die Wildgräser hatten eine sehr brüchige Ährenspindel, die dafür sorgte, dass die reifen Körner vom Wind gut verbreitet werden konnten; für die sammelnden

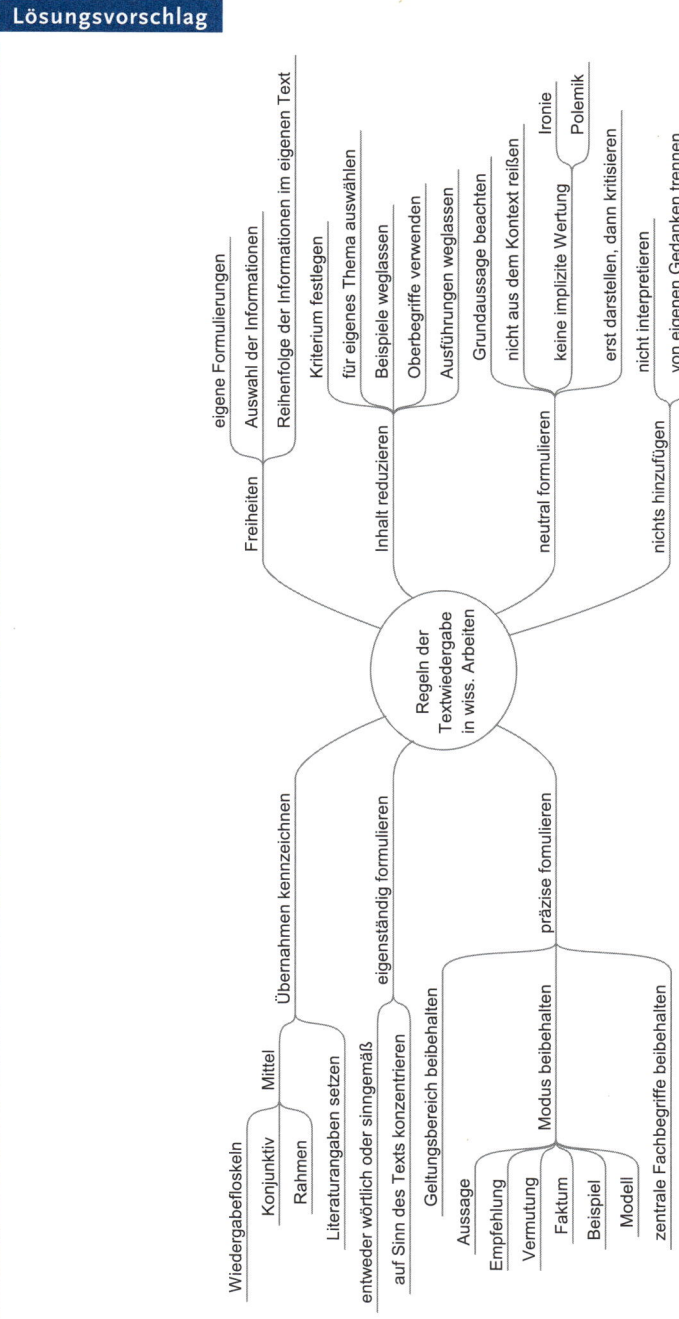

Abb. 4: Mindmap: Regeln der Textwiedergabe in wissenschaftlichen Arbeiten

*Steinzeitmenschen war dies jedoch von Nachteil. Zunächst (ca. 30.000 v. Chr.)
hybridisierte eine wilde Einkorn-Art (Triticum urartu, AA) mit wildem Speltweizen
(T. speltoides, BB) zum tetraploiden wilden Emmer (T. dicoccoides, AA BB). Hier
trat eine zufällige Mutation des Einkorns mit bruchfesten Ähren auf, bei denen die
reifen Körner an der Spindel haften blieben. So konnten die Menschen die ganzen
Ähren sammeln, hatten besseren Zugang zu Nahrung und begannen das Getreide
anzubauen (ca. 10000 v. Chr.). Das wilde tetraploide Zweikorn wurde zu Emmer
(T. dicoccum, AA BB) domestiziert, aus dem anschließend Hartweizen gezüchtet
wurde (T. durum), der Lieferant italienischer Pasta. Der domestizierte Emmer
kreuzte sich weiter mit einem weiteren Wildgras, dem Gänsefußgras (Aegilops
squarrosa, DD), zum hexaploiden Dinkel (T. spelta, AA BB DD), der dann weiter
zum heutigen Brot- oder Weichweizen (T. aestivum) gezüchtet wurde.*
(nach Saedler/Schuchert 2012, 204-207, gekürzt und adaptiert)

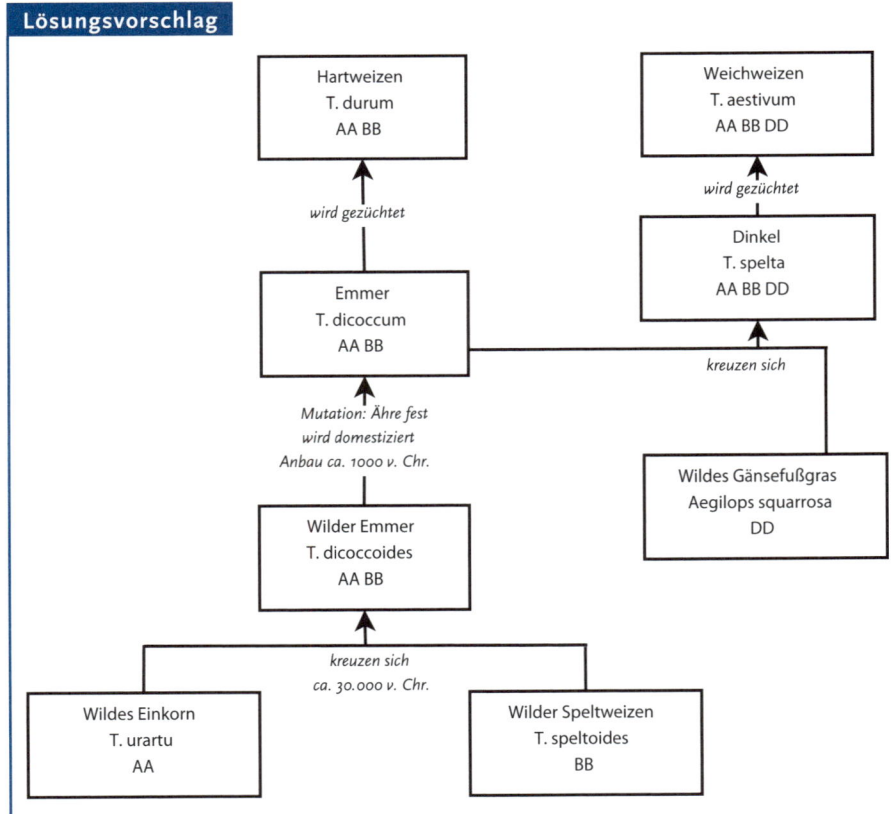

Abb. 5: Concept-Map: Entwicklung des Weizens nach Saedler/Schuchert (2012, 206)

Vielleicht sind Ihnen aus Ihrem Fach andere Visualisierungstechniken vertraut, die Sie einsetzen können, um Lesenotizen anzufertigen. So können Sie z. B. ausprobieren, Textinhalte in **Flussdiagrammen**, **Ablaufplänen** oder mit ähnlichen Zeichen wie ein **Organigramm** darzustellen. Auch **freie Zeichnungen**, die eine Kombination aus Wörtern, Symbolen und graphischen Elementen sind, können Struktur und Inhalt von Texten wiedergeben.

Visualisierungen eignen sich gut, wenn Sie mit mehreren Texten arbeiten: So können Sie alle Aussagen zu einem Thema in eine gemeinsame Struktur bringen, die unabhängig von den gelesenen Texten ist und sich so einen Überblick über die für Sie relevanten Informationen verschaffen. Auf diese Weise können Sie Ihre Notizen sortieren, analysieren und einen neuen Zusammenhang für Ihren eigenen Text entwerfen (vgl. auch Kap. 3.12). Diese Neuorganisation der Informationen im eigenen Text ist eine von vielen Lehrenden in Hausarbeiten erwartete Eigenleistung.

Visualisierungstechniken regen dazu an, unterschiedliche Varianten auszuprobieren, bis Sie eine Darstellung gefunden haben, mit der Sie zufrieden sind. Oft macht es Spaß, diese „Schreibbilder" auf dem Papier zu entwerfen, es gibt aber auch nützliche **Software**. Unter den Stichworten Mindmap und Concept-Map finden Sie z. B. in Wikipedia aktuelle Informationen zu freien und kostenpflichtigen Programmen. Bleiben Sie in der Wahl der Methoden flexibel und passen Sie sie Ihren Bedürfnissen und Vorlieben an.

> **Übung**
>
> Probieren Sie aus, mit welcher Form von Notizen Sie beim Lernen oder beim Schreiben einer Hausarbeit am besten weiterarbeiten können. Fertigen Sie zu Texten aus Ihrem Fach unterschiedliche Notizen an:
> - Unterstreichungen und Anmerkungen im Text
> - Exzerpt oder Zusammenfassung
> - Mindmap, Concept-Map oder eine andere Form der Visualisierung
>
> Vergleichen Sie, mit welchem Verfahren Sie sich die Inhalte am besten einprägen können und welches Sie am besten beim Schreiben eines eigenen Texts unterstützt.

2.6.7 Cluster: Nothilfe, wenn Sie sich überlesen haben

Vielleicht kennen Sie die Situationen, dass Ihnen der Kopf schwirrt von all dem Gelesenen, Sie keinen Überblick mehr haben und nicht wissen, wie Sie weitermachen sollen. Dann kann es nützlich sein, erst einmal frei und assoziativ Ihre Gedanken zu Papier zu bringen. Gut ist hierfür die von Gabriele L. Rico (1984) entwickelte Visualisierungsmethode des Clusters geeignet, mit der Sie, ohne viel nachzudenken, alles niederschreiben können, was Sie zu Ihrem Thema gelesen haben und was Ihnen durch den Kopf geht.

Nehmen Sie dafür ein Blatt und schreiben Sie Ihr Thema in einen Kreis in die Mitte. Falls Sie noch kein konkretes Thema haben, können Sie den Kreis auch leer lassen. Schreiben Sie dann Ihre Einfälle in Strängen von einzelnen Stichworten auf. Kommen Sie immer wieder zur Mitte zurück und bilden Sie neue Stränge, bis Sie alle Informationen aufgeschrieben haben. Sie können auch ein Wort aus einer Kette als Ausgangspunkt für eine neue Kette nehmen, so dass Verzweigungen entstehen. Arbeiten Sie dabei zügig und grübeln Sie nicht über die Reihenfolge der Stichworte nach: Es geht jetzt noch nicht um eine bewusste Ordnung, sondern nur darum, die Stichworte zu Papier zu bringen. Häufig ergibt sich ganz von alleine eine gewisse Ordnung in den Stichpunkten. (Zum Thema des Clusters finden Sie in Kap. 5.2 Beispieltexte.)

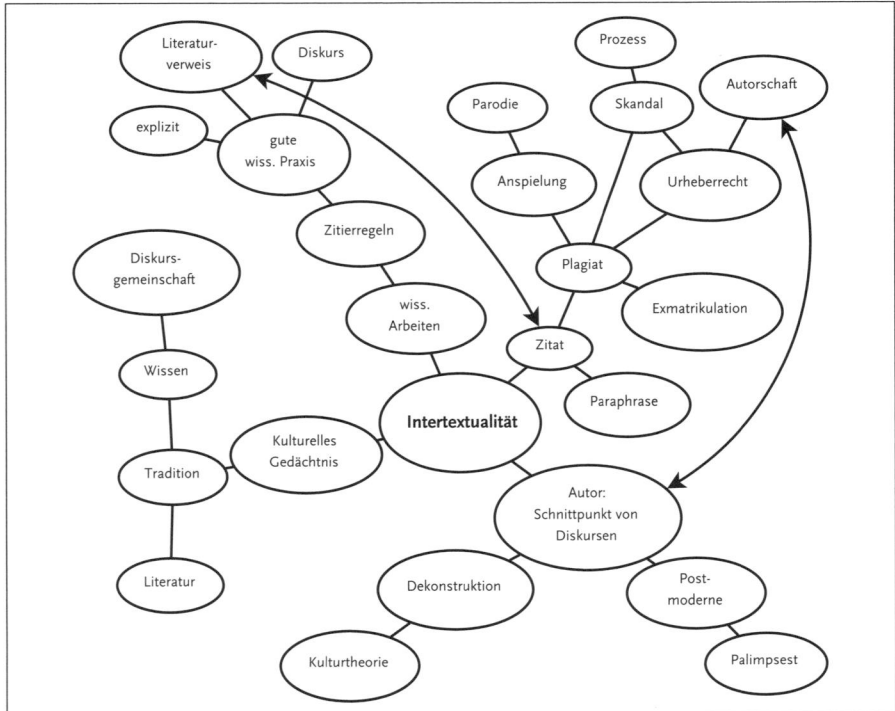

Abb. 6: Assoziatives Cluster

Selbst wenn Ihr Cluster groß und wirr werden sollte, gibt es Ihnen die Möglichkeit, Ihre Notizen weiter zu überarbeiten und zu sortieren. Der Vorteil ist, dass die Informationen, die Sie beim Lesen gesammelt haben, nun auf dem Papier stehen und Sie sie so besser ordnen können, als wenn Sie nur darüber nachdenken. Bei der Überarbeitung können Sie folgendermaßen vorgehen:

- Betrachten Sie das Cluster und streichen Sie alle Stichworte, die sich zwar auf die gelesenen Texte beziehen, aber nicht zu Ihrem Thema passen.
- Überlegen Sie, ob verschiedene Stränge thematisch zusammengehören und ob es Querverbindungen zwischen Gedankenketten gibt. Fügen Sie, wenn es sich anbietet, Oberbegriffe ein.
- Fertigen Sie eine neue Visualisierung an und sortieren Sie die Stränge dabei so um, dass die inhaltlichen Zusammenhänge deutlicher werden.
- Betrachten Sie das neue Bild, das jetzt vielleicht eher wie ein Mindmap aussieht, und fragen Sie sich erneut: Was gehört zu meinem Thema, was nicht?
- Ergänzen Sie abschließend Literaturangaben.

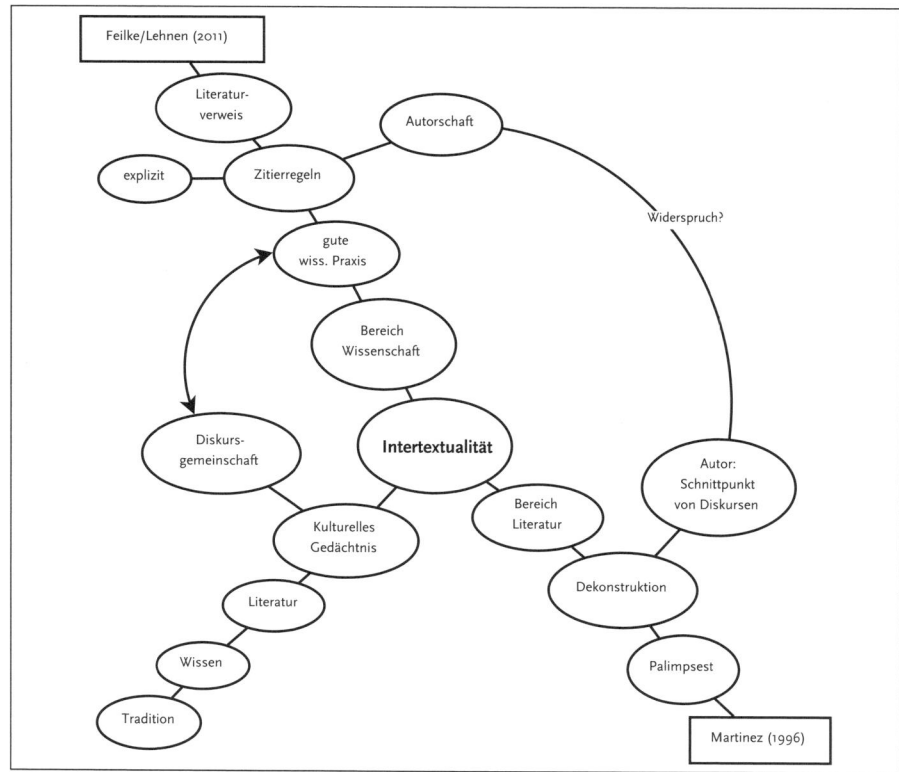

Abb. 7: Überarbeitetes Cluster

Nun haben Sie eine übersichtliche Darstellung der gelesenen Literatur, die Sie zum Lernen oder zur weiteren Verarbeitung für Ihre Hausarbeit oder Ihr Referat verwenden können. Das Verfahren kann auch dann nützlich sein, wenn Sie beim Lesen bisher keine Notizen gemacht haben.

2.6.8 Tabellarische Auswertung

Um mehrere Texte nach bestimmten Aspekten auszuwerten, können Sie eine Tabelle anlegen und so systematisch nur die Informationen aufnehmen, die Sie zur Bearbeitung Ihres Themas benötigen. Diese Form von Lesenotizen eignet sich besonders für analysierendes Lesen und immer dann, wenn Sie die Informationen nach konkreten Zielen filtern wollen. Sie können sich so z. B. eine gute Grundlage für einen Vergleich oder einen Literaturüberblick schaffen.

Überlegen Sie als erstes, zu welchen Stichworten Sie Informationen in den Texten suchen wollen, und legen Sie dann eine entsprechende Tabelle an. Wenn Sie sich z. B. mit den Vorurteilen beschäftigen, die Russen und Deutsche übereinander haben, und dafür drei Texte lesen, könnte eine Tabelle folgendermaßen aussehen:

	Definition Vorurteil	Vorurteile gegen-über den Deutschen	Vorurteile gegen-über den Russen
Text 1			
Text 2			
Text 3			

Je nach den Informationen in der Literatur und der Planung Ihres eigenen Texts könnten Sie noch weiter unterteilen, z. B. in positive und negative Vorurteile. Alle anderen Informationen aus den Texten spielen für das Thema Ihrer Arbeit keine Rolle und tauchen deshalb nicht in der Tabelle auf.

3 Fachtexte verstehen, überprüfen und in der eigenen Arbeit weiterentwickeln

Wissenschaftliche Texte verstehen, Inhalt und Argumentation kritisch überprüfen und diese im eigenen Text weiterentwickeln sind Tätigkeiten, die eng zusammenhängen. So werden Sie möglicherweise, um einen Text zu verstehen, dessen Argumentation analysieren oder im Prozess des Verstehens eigene Gedanken entwickeln. Sie finden im Folgenden dennoch getrennte Kapitel zu diesen gedanklichen Tätigkeiten, um sie möglichst klar darzustellen und um Sie anzuregen, sich immer zu überlegen, was gerade Ihre Hauptaufgabe bei der Auseinandersetzung mit einem Text ist.

In den Kapiteln 3.2 bis 3.7 lernen Sie Strategien kennen, die Sie neben etwas Beharrlichkeit benötigen, um auch aus schwierigen Texten Erkenntnisse und Denkanregungen zu ziehen und zum Schluss die Freude, etwas Neues verstanden zu haben. Neben den Tipps in diesen Kapiteln unterstützen Sie auch die anderen Arbeitstechniken in diesem Buch dabei, schwierige Texte zu verstehen: Lesetechniken fördern Ihre Konzentration und ein gezieltes Vorgehen, Notiztechniken die intensive Auseinandersetzung und das Wiedergeben in eigenen Worten die Überprüfung Ihres Textverständnisses.

Das Thema „Gelesenes weiterentwickeln" ist sehr fachspezifisch und wäre ein eigenes Buch wert. Deshalb finden Sie hier nur vier ausgewählte Aspekte: zwei grundlegende Arbeitstechniken, ohne die eine Auseinandersetzung mit wissenschaftlichen Texten nicht vollständig ist (Kap. 3.9 und 3.10) sowie zwei Aufgaben, die häufig Teil von Studienarbeiten sind, eng mit der kritischen Lektüre von Texten verbunden sind und deren Potential für die Weiterentwicklung von Gelesenem häufig unterschätzt wird (Kap. 3.11 und 3.12).

3.1 Schwierige Texte verstehen – Haltung und erste Tipps

Wissenschaftliche Texte können schwer zu verstehen sein und ihre Lektüre kann einige Zeit und besondere Aufmerksamkeit beanspruchen. Dies liegt nicht nur daran, dass es oft um anspruchsvolle Inhalte geht, sondern häufig auch an einem unvermeidbaren Dilemma: In der Regel lesen Sie einen Text, weil Sie etwas Neues über einen Gegenstand erfahren wollen. Der Text ist schwierig für Sie, weil z. B. viele Begriffe verwendet werden, die Sie noch nicht kennen – eigentlich müssten Sie schon einiges über das Thema wissen, um den Text problemlos zu verstehen. Doch Sie lesen ihn ja gerade, um dieses Wissen zu erwerben!

Um dieses Dilemma aufzulösen, ist es notwendig auszuhalten, am Anfang nicht alles zu verstehen und trotzdem zuversichtlich weiterzulesen (es sei denn, Sie verstehen den Text überhaupt nicht). Dann werden Sie wahrscheinlich feststellen, dass Sie immer mehr fachliches Wissen sowie Übung im Lesen erwerben und die nächsten Texte immer leichter verstehen. Wenn Sie Fachbegriffe nachschlagen, weitere Texte lesen, mit anderen diskutieren, über das Thema nachdenken und schreiben, setzt sich Ihr Wissen wie ein Puzzle zusammen. Dabei kennen Sie das Bild am Anfang nicht, sondern bauen es Puzzleteil für Puzzleteil auf. Die Befriedigung kann groß sein, wenn Sie ein fehlendes Teilchen finden und eines zum anderen passt.

> **Tipp**
>
> Nehmen Sie einen Fachtext, den Sie vor sechs oder zwölf Monaten sehr schwierig fanden, und lesen Sie ihn jetzt noch einmal. So können Sie sehen, wie Ihnen Übung und Wissen helfen, Texte zu verstehen.

Wenn Sie sich für die gründliche Lektüre eines Texts entscheiden und er Ihnen auf den ersten Blick schwer verständlich erscheint, ist es ratsam, von **zwei Arbeitshypothesen** auszugehen:

- Der Text ist prinzipiell sinnvoll; er wurde von einer realen Person geschrieben mit dem Ziel, u. a. Ihnen etwas mitzuteilen.
- Sie können den Text verstehen, wenn Sie sich nicht abschrecken lassen und sich die notwendige Zeit nehmen, um sich in das Thema und die Darstellungsweise einzuarbeiten.

Diese beiden Hypothesen können Ihnen dabei helfen, sich das Verständnis nicht durch eine negative Haltung zu erschweren. Beginnen Sie mit dem „believing game" (vgl. Kap. 1.2) und suchen Sie eine sinnvolle Lesart des Texts – selbst dann, wenn Sie sich vielleicht über den Text ärgern, weil er Ihnen zu kompliziert erscheint oder nicht Ihrer Meinung zum Thema entspricht. Das bedeutet nicht, alles Geschriebene unkritisch hinzunehmen, sondern lediglich, "believing game" (Verstehen, Nachvollziehen) und „doubting game" (Überprüfung, kritische Auseinandersetzung) voneinander zu trennen.

Es kann natürlich vorkommen, dass Sie im Lauf der Auseinandersetzung mit einem Text eine oder beide Hypothesen verwerfen. Nicht alle publizierten Texte sind gut und schlüssig, und vielleicht kommen Sie zu dem Ergebnis, dass in einem Text argumentative Fehler sind oder er tatsächlich unverständliche Passagen enthält. Oder Sie stellen fest, dass Sie ihn mit Ihrem momentanen Kenntnisstand und der zur Verfügung stehenden Zeit nicht zufriedenstellend verstehen können. Brechen Sie dann ab und nutzen Sie Ihre Zeit besser für die Lektüre anderer Texte oder notieren Sie sich in Ihrem Metasystem, dass Sie ihn zu einem späteren Zeitpunkt noch einmal ansehen wollen.

Hilfreich für das Verstehen schwieriger Texte ist, sich bewusst zu machen, dass das Verständnis **unterschiedliche Ebenen** betrifft:

- Inhalt
- Struktur
- Sprachliche Gestaltung

Diese Ebenen sind eng miteinander verbunden und ihr Verständnis bedingt sich gegenseitig. So müssen Sie einen Text z. B. einerseits sprachlich verstehen, um seinen Inhalt nachzuvollziehen. Andererseits kann Ihnen eine gewisse Vorstellung von Inhalt und Thema dabei helfen, komplexe Satzkonstruktionen zu erfassen oder die Bedeutung von Fachbegriffen zu erschließen. Wenn Sie den Gesamtaufbau erfasst haben, können Sie die einzelnen Informationen in den Zusammenhang der Argumentation einordnen und dadurch besser verstehen. Auf allen drei Ebenen können

Verständnisschwierigkeiten auftreten und alle drei Ebenen können Sie bewusst nutzen, um einen Text gut zu verstehen.

Übung Lektürejournal

Schreiben Sie über einen Text, wenn Sie ihn nicht gut verstehen können: Was genau ist schwierig für Sie? Was ärgert oder irritiert Sie? Lesen Sie sich Ihre Notizen anschließend durch und überlegen Sie, auf welche Aspekte des Texts sich die Verständnisschwierigkeiten beziehen und was Sie tun können, um sie zu lösen.

Neben den beiden Arbeitshypothesen können Ihnen folgende Haltungen und Vorgehensweisen bei der Lektüre schwieriger Fachliteratur helfen:

Tipps für das Verstehen schwieriger Texte

- Haben Sie keine Ehrfurcht vor dem Text, sondern treten Sie in einen aktiven Dialog mit ihm.
- Haben Sie Geduld mit sich selbst, wenn Sie einen Text nicht gleich verstehen. Geben Sie sich Zeit, hetzen Sie sich nicht und lesen Sie gründlich.
- Überlegen Sie, welches Ziel Sie mit dem Lesen verfolgen (vgl. S. 25).
- Verschaffen Sie sich zuerst einen Überblick über den Text: Überfliegen Sie ihn oder lesen Sie zumindest das Inhaltsverzeichnis.
- Machen Sie sich beim Lesen immer wieder das Thema des Texts bewusst.
- Hören Sie nicht gleich auf zu lesen, wenn Sie etwas sprachlich nicht gut verstehen, und verfangen Sie sich nicht in Leseschleifen, indem Sie einen Satz immer wieder lesen. Möglicherweise wird Ihnen die Formulierung klar, wenn Sie den Zusammenhang kennen.
- Nutzen Sie die Aktivitäten, die für das kritische Lesen (vgl. S. 88 f.) vorgeschlagen werden, um einen schwierigen Text besser zu verstehen.
- Sprechen Sie mit anderen über den Text.

3.2 Arbeitstechniken: Leseprotokoll und Exzerpieren Absatz für Absatz

Wenn Sie einen Text oder Textabschnitt ausgewählt haben, um ihn gründlich zu lesen, weil er wichtig für Ihr Thema ist und er sich Ihnen nicht leicht erschließt, können Sie ein **Leseprotokoll** anlegen. In dieses Leseprotokoll nehmen Sie alle Fragen auf, die sich Ihnen beim Lesen stellen, und versuchen sie danach zu beantworten. Das kann Ihnen helfen, sich ein gründliches Detailverständnis eines Texts zu erarbeiten. Deshalb ist das Verfahren wenig geeignet, wenn es Ihnen um eine erste Orientierung in einem Themengebiet geht, wie z. B. beim Einlesen.

Für das Leseprotokoll können Sie eine Tabelle nach folgendem Muster verwenden; entscheiden Sie selbst, wie viele Spalten Sie verwenden wollen:

Literaturangabe			
Textstelle: Seite, evtl. Absatz und Zeile	**Fragen/Unklarheiten: Was verstehe ich nicht?**	**Ideen für eine Antwort und wie ich die Fragen klären kann.**	**Antworten, Lösungen**
	Formulieren Sie so genau wie möglich, was Sie nicht verstehen. **Beispiel:** *Was ist der Unterschied zwischen fiktiv und fiktional? Oder: Auf welche Studie bezieht sich Werner hier?*	Mögliche Lesarten, Interpretationen des Texts oder Ideen, was Sie tun können. **Beispiel:** *Im Fachlexikon nachschlagen oder: Frage im Seminar stellen*	

Gehen Sie nach dem Lesen die Tabelle in Ruhe durch und überlegen Sie:

- Welche Fragen haben sich durch das Weiterlesen bereits geklärt?
- Welche Fragen wollen Sie unbedingt klären, welche können Sie offen lassen, ohne dass das Gesamtverständnis des Texts für Ihr spezielles Leseziel leidet?
- Folgen Sie dann Ihren Ideen, wie Sie offene Fragen beantworten und Unklarheiten beseitigen können.

Ein Vorteil dieses Verfahrens ist, dass Sie in die Tabelle zwar sofort Lösungs- und Rechercheideen aufnehmen, aber erst einmal weiterlesen, um den Textzusammenhang nicht zu verlieren. Vielleicht werden Sie feststellen, dass Sie manche Fragen, die Ihnen zunächst wichtig erschienen, gar nicht im Detail zu beantworten brauchen. Je mehr sich die letzte Spalte füllt, desto besser haben Sie den Text verstanden.

Tipp

Prüfen Sie, ob ungelöste Verständnisfragen Ansatzpunkte für eine kritische Auseinandersetzung mit dem Text bieten.

Sie können wichtige Passagen eines schwierigen Texts auch nach dem Überfliegen und nach der Klärung besonders auffälliger Verständnisschwierigkeiten **nach einem festen Schema exzerpieren**: Arbeiten Sie ihn Absatz für Absatz (oder Sinnabschnitt für Sinnabschnitt) durch und notieren Sie jeweils

• das Thema als Schlagwort oder Frage,
• die Hauptaussage in einem vollständigen Aussagesatz.

Durch ein Exzerpt dieser Form formulieren Sie Ihr Textverständnis in eigenen Worten und entscheiden sich dabei für eine bestimmte Lesart. (Die Anregung zu diesem Vorgehen stammt aus einer Übung von Kruse/Ruhmann (1999).)

Übung

Überfliegen Sie den folgenden Text, unterteilen Sie ihn in Sinnabschnitte und exzerpieren Sie ihn anschließend nach dem oben vorgestellten Verfahren. Legen Sie dafür am besten eine Tabelle an.

Ich gehe hier von der These aus, dass die dominante ideologische Theorie bei der Begründung der europäischen Integration nie jene eines unbegrenzten Neoliberalismus war.

Aus einer linksorientierten Perspektive ist der europäische Integrationspro-
5 *zess ein Transfer des U.S. Modells eines neoliberalen Kapitalismus nach Europa. Für Pierre Bourdieu (2000) z. B. schließt ein solches Modell die folgenden Grundaxiome ein: Der Markt ist das beste Mittel, um eine effiziente und gerechte Produktion und Verteilung zu erreichen; die Globalisierung erfordert die Beseitigung aller Barrieren für freien internationalen Handel*
10 *und die Reduzierung der Sozialausgaben des Staats. Eine völlig andere Interpretation der europäischen Integration wurde durch Kritiker von der libe-*

ralen Seite gegeben. Für den tschechischen Präsidenten Vaclav Klaus, Profes-
sor der Ökonomie, hat sich die europäische Integration seit Maastricht in
einen Prozess der Vereinigung (unification) umgewandelt, welcher politische
15 *Zentralisierung, Verlust von Freiheit und Beschneidung der Demokratie im-*
pliziert. Klaus sieht erhebliche Ähnlichkeiten zwischen dem früheren Sowjet-
system und der EU; seiner Meinung nach zeigen beide, dass Regulierung umso
nötiger wird, je komplexer ein System ist.

Beide Argumentationen erhalten eine gewisse Wahrheit, sie sind für sich
20 *allein aber zu einseitig. Die These, die hier aufgestellt wird, ist, dass die*
europäische Integration beide Elemente enthält, das einer Liberalisierung
und Entfesselung der Marktkräfte, der Deregulierung und Privatisierung,
aber zugleich auch die Wiedereinführung wohlbekannter älterer europäi-
scher Formen supranationaler Kooperation und konzertierter Aktion zwi-
25 *schen Unternehmern, wirtschaftlichen Interessenverbänden und Staat.*
Dies kann auch im Bereich der Handelspolitik gezeigt werden. Während
die EU in vieler Hinsicht eine internationale Handelsliberalisierung befür-
wortet, sind die Ausnahmen, die die EU selber gegenüber dem freien Han-
del errichtet hat, zahlreich genug, um die Ansicht zu widerlegen, dass sie
30 *grundsätzlich liberal orientiert ist. Die bedeutendste dieser Ausnahmen ist*
die Agrarpolitik. Auch im Bereich von Industrie und Dienstleistungen
existieren eine Vielfalt von Tarifen, Antidumping-Maßnahmen und Ähn-
lichem; all dies entspricht schwerlich dem Prinzip eines unbegrenzten Li-
beralismus.
(nach Haller 2009, 169-172, gekürzt und adaptiert)

Lösungsvorschlag

Achtung! Ihre Auswahl, was Sie z. B. jeweils als Hauptaussage eines Absatzes ansehen, kann anders und auch richtig sein. Eine Analyse der Argumentationsstruktur finden Sie in Kapitel 3.4.3.

Literaturangabe: Haller (2009)		
Seite, evtl. Absatz oder Zeilen	**Thema**	**Hauptaussage**
Z. 1-3	*Ideologische Theorie bei Begründung der EU*	*Der europäischen Integration liegt nicht der reine Neoliberalismus zugrunde.*
Z. 4-10	*Linksorientierte Perspektive auf europäische Integration (Bourdieu)*	*Der neoliberale Kapitalismus der USA wurde auf Europa übertragen.*
Z. 10-18	*Liberale Perspektive auf europäische Integration (Klaus)*	*Es gibt Anklänge an das Sowjetsystem, z. B. bei Zentralisierung und Beschneidung der Demokratie.*
Z. 19-25	*Verbindung der Perspektiven*	*Die europäische Integration ist sowohl von Liberalisierung der Märkte als auch von überstaatlichen Kooperationen geprägt.*
Z. 26-34	*Handelspolitik*	*In der Handelspolitik gibt es viele Fälle, in denen die EU den freien Markt einschränkt, z. B. in der Agrarpolitik.*

Wenn Sie den Text konsequent Abschnitt für Abschnitt exzerpieren, stellen Sie sicher, dass Sie genau lesen und nicht über Passagen, die Ihnen unklar sind, hinweggehen. Vielleicht wird Ihnen erst durch das Formulieren der Textaussagen bewusst, wo Sie Verständnisschwierigkeiten haben.

Beide Arbeitstechniken – Leseprotokoll und Exzerpieren Absatz für Absatz – sind sehr effektiv, aber auch relativ zeitaufwändig. Wenden Sie sie deshalb vor allem bei Texten an, die Sie zuvor als besonders wichtig ausgewählt haben. Auch wenn es Ihnen liegt, Ihre Gedanken im Schreiben zu entwickeln, können Sie von diesen Techniken profitieren. Zudem üben Sie auf diese Weise zu verstehen und zu formulieren, so dass Ihnen dies im Lauf Ihres Studiums immer leichter fallen wird.

3.3 Ebene Inhalt: Grundwissen aufbauen und inhaltliche Fragen klären

Wissenschaftliche Texte sind in der Regel für ein Publikum geschrieben, das sich schon länger mit dem jeweiligen Thema beschäftigt, und setzen deshalb, anders als Lehrbücher, inhaltlich auf einem hohen Niveau ein. Wenn Sie sich in ein Thema erst einlesen, fehlen Ihnen möglicherweise Grundlagen, die im Text nicht ausführlich dargestellt werden. Eine wichtige Strategie, um anspruchsvolle wissenschaftliche Texte zu verstehen, ist deshalb, Grundwissen über ein neues Thema aufzubauen und bewusst zu entscheiden, in welcher Reihenfolge Sie Texte lesen.

Das notwendige Grundwissen können Sie in einer Phase des Einlesens (vgl. Kap. 2.5.1) aufbauen. Lesen Sie dann die Texte an und ordnen Sie sie nach Schwierigkeitsgrad: Beginnen Sie mit möglichst grundlegenden Texten, die Sie gut verstehen können, und gehen Sie dann zu für Sie sprachlich und inhaltlich schwierigeren über. Entsprechend können Sie mit Fachliteratur in Ihrer Muttersprache beginnen, bevor Sie fremdsprachige lesen.

Darüber hinaus ist es normal, bei der Auseinandersetzung mit einem wissenschaftlichen Text weitere Informationsquellen hinzuzuziehen, um gezielt Verständnislücken zu schließen. Neben der Literatur, die Sie bereits zum Einlesen verwendet haben, können Ihnen hierbei folgende Texttypen helfen:

Nützliche Texte zum Schließen von Verständnislücken

- Fachlexika v. a. zur Klärung von Fachterminologie
- Wissenschaftliche Rezensionen zu dem Text
- Bei fremdsprachigen Texten: Übersetzungen (auch wenn Sie in Ihrer Hausarbeit später das Original zitieren wollen)
- Vor allem bei philosophischen und theoretischen Grundlagentexten:
  - Zusammenfassung in speziellen Nachschlagewerken
  - Kommentierte Studienausgaben
  - Interpretationen und Auslegungen des Texts
- Weiterführende und erklärende Literatur, die möglicherweise in den Fußnoten oder Anmerkungen des Texts erwähnt wird

Durch die Verwendung von Fachlexika können Sie sich nicht nur die Fachterminologie aneignen, sondern auch die wichtigen Theorien und Zusammenhänge Ihres Themengebiets. Wenn Sie den Querverweisen in den einzelnen Artikeln folgen, können Sie schnell einen Überblick und die relevante Fachterminologie erwerben. Setzen Sie sich hierfür aber eine Zeitbegrenzung, damit Sie sich nicht verzetteln.

Tipp

Informieren Sie sich über ein Fachlexikon aus Ihrem Bereich und sichern Sie sich einen möglichst unkomplizierten Zugang (z. B. Online, Anschaffung, Bibliothek).

Ähnlich wie Fachlexika können Sie Wikipedia verwenden. Bedenken Sie jedoch, dass die Beiträge in Wikipedia anonym und nicht unbedingt von Experten Ihres Fachs geschrieben sind, keine gleichbleibende Qualität besitzen und deshalb von vielen Lehrenden nicht als Quelle akzeptiert werden. Ergänzen Sie die Recherche in Wikipedia deshalb unbedingt mit dem Blick in ein Nachschlagewerk aus Ihrem Fach. Ein differenzierteres Bild könnten Sie sich zudem verschaffen, wenn Sie in Wikipedia die Artikel zu dem gesuchten Stichwort in allen Sprachen lesen, die Sie verstehen.

3.4 Ebene Struktur: Standardstrukturen für Orientierung und Verständnis nutzen

Wissenschaftliche Texte unterscheiden sich von Texten aus anderen Lebensbereichen nicht nur in Inhalt und Sprachverwendung, sondern häufig auch in ihrem Aufbau. In vielen Fächern gibt es standardisierte Strukturen, deren Ziel es ist, ein schnelles und effizientes Lesen zu ermöglichen: Wenn Sie wissen, welche Informationen Sie in welchen Textteilen finden, können Sie gezielt selektiv lesen und die einzelnen Informationen in den Zusammenhang einordnen. Die allgemeinen und fachspezifischen Textstrukturen zu kennen, kann eine große Verständnishilfe sein.

3.4.1 Grundstruktur wissenschaftlicher Texte

Wissenschaftliche Texte folgen häufig dem Muster: Ankündigung – Durchführung – Zusammenfassung. Die ankündigenden und zusammenfassenden Textteile können Ihnen dabei helfen, Vorwissen über den restlichen Text aufzubauen und die folgenden Informationen besser einzuordnen.

Grundstruktur von Ankündigung und Zusammenfassung

- **Ebene des ganzen Texts**
  Einleitung: Thema (grober Inhalt) und Aufbau des Texts, evtl. Begriffsdefinitionen und eine kurze Vorwegnahme der Ergebnisse; Zusammenfassung: Darstellung der Ergebnisse in Bezug auf die Untersuchungsfrage. Die Textteile geben wichtiges Rahmenwissen für das Verständnis des Hauptteils und häufig auch Informationen über das Ziel des Autors oder der Autorin.
- **Kapitelebene**
  Kapitelanfang: Ausblick auf das Kapitel, Zusammenhang zum vorhergehenden Kapitel, Funktion innerhalb des ganzen Texts; Kapitelende: Zusammenfassung mit Bezug auf das Thema, Überleitung zum nächsten Kapitel.
- **Absatzebene**
  Vor allem in englischsprachigen Texten wird häufig im ersten Satz explizit das Thema oder die Hauptaussage des Absatzes benannt.

Der Aufbau kann im Text durch explizite Hinweise auf die Struktur ergänzt werden, z. B.: *Im nächsten Kapitel geht es um* oder: *Die wichtigsten Ergebnisse dieser Studie lassen sich folgendermaßen zusammenfassen.* Wenn Sie auf ähnliche Formulierungen achten, wissen Sie immer, wo Sie sich in der Argumentation eines Texts befinden und welche Funktion die einzelnen Informationen haben.

Eine andere **Grundstruktur von Forschungstexten** (Lehrbücher oder Überblicksdarstellungen sind hier anders aufgebaut) ergibt sich aus der Natur des Forschens: Am Anfang steht eine Frage, These (als Ausgangspunkt für eine Argumentation) oder Hypothese (als Ausgangspunkt für eine empirische Überprüfung), am Ende stehen Antworten auf die Frage bzw. die Bestätigung, Widerlegung oder Differenzierung der These oder Hypothese (vgl. auch S. 38 f.). Wenn Sie sich nach dem Überfliegen die folgenden drei Punkte notieren, können Sie beim genauen Lesen die einzelnen Informationen in Bezug zum Rahmen der Untersuchung setzen:

- Frage, These oder Hypothese
- Methode: Vorgehen, um die Frage zu beantworten oder die These/Hypothese zu überprüfen
- Ergebnis: Antwort auf die Frage oder Bestätigung/Widerlegung der These/Hypothese

3.4.2　Fachspezifische Strukturprinzipien

In einigen Fachgruppen (v. a. Naturwissenschaften, Medizin, empirische Arbeiten in den Sozialwissenschaften und anderen Bereichen) gibt es v. a. für Zeitschriftenartikel ein festes Schema, die sogenannte IMRAD-Struktur. Die Abkürzung steht für die Anfangsbuchstaben der einzelnen Abschnitte des Texts.

> **Standardstruktur experimentell-empirischer Texte**
>
> - **Introduction**/Einleitung: Ziel der Forschungsarbeit, Fragestellung und/oder untersuchte Hypothese/These, manchmal auch ein erster Blick auf den Forschungsstand zum Thema
> - **Methods**/Methode: Darstellung der Methode, mit der die Frage untersucht wurde, und Beschreibung der Studie oder der Experimente (z. B. untersuchtes Material, befragte Probanden)
> - **Results**/Ergebnisse: Antwort(en) auf die Forschungsfrage, Widerlegung oder Bestätigung der Hypothese/These
> - **and Discussion**/Diskussion: Bedeutung der Ergebnisse im Kontext der bisherigen Forschung und neue Forschungsfragen, die sich nun stellen lassen

Die Überschriften vieler Artikel entsprechen diesen Bezeichnungen, manchmal werden jedoch auch andere Formulierungen verwendet. Bei einem Text, der diesem Aufbau folgt, wissen Sie genau, welche Informationen Sie in welchem Unterkapitel finden. So können Sie entscheiden, welche Kapitel Sie auf jeden Fall sehr gut verstehen wollen und bei welchen es ausreicht, wenn Sie sich ein grobes Bild machen. Um die Aussage einer empirischen Arbeit zu erfassen, reicht es häufig aus, wenn Sie Einleitung und Diskussion gründlich lesen, Kurven und Abbildungen beachten und den Rest überfliegen.

In anderen Fächern gibt es **weitere Standardstrukturen**, die häufig weniger fest vorgegeben sind als die IMRAD-Struktur und vom Thema bzw. der Fragestellung der Texte bestimmt werden. Wenn Sie wissen, welche Strukturen in Ihrem Fach häufig auftreten, können Sie sie leichter erkennen und für das Verständnis nutzen.

> **Übung**
>
> Analysieren Sie die Inhaltsverzeichnisse oder Gliederungen einiger Publikationen Ihres Fachs und überlegen Sie, welche Grundstrukturen sich zeigen. Wenn die Überschriften nicht aussagekräftig genug sein sollten, überfliegen Sie den Text.

Mit diesem Vorgehen können Sie eine Liste fachspezifischer Gliederungs-
prinzipien aufstellen, die Ihnen dabei helfen kann, die Struktur schwieriger Texte schnell zu erfassen. Möglicherweise finden Sie einige der in der
folgenden Übersicht aufgelisteten Strukturen.

Weitere Grundstrukturen wissenschaftlicher Texte

- Problemanalyse: Problem, Problemdefinition, Symptome, Ursache,
  Wirkung, Lösungsansatz
- Analyse von Ursache und Wirkung:
  - Phänomen und Fragestellung – mögliche Ursachen – Schlussfol-
    gerung
  - Phänomen und Fragestellung – mögliche Auswirkungen – Schluss-
    folgerung
- Argumentativer Text: Einführung, Ziel, Argumente, Erklärungen zu
  den Argumenten, partielle Schlussfolgerungen, allgemeiner Schluss
- Chronologische Gliederung: zeitliche Reihenfolge von Ereignissen,
  nach Epochen oder Phasen
- Vergleich
  - Blockgliederung: Einleitung, Analyse Objekt 1, Analyse Objekt 2
    usw., Vergleich der Ergebnisse
  - Alternierende Gliederung: Einleitung, Vergleichspunkt 1: Objekt
    1, Objekt 2, Ergebnisse; Vergleichspunkt 2: Objekt 1, Objekt 2,
    Ergebnisse usw., Zusammenfassung

3.4.3 Die Struktur eines Texts analysieren

Je weniger standardisiert die Vorgehensweisen in Ihrem Fach sind, desto
häufiger wird es vorkommen, dass Sie in einem Text keine der bisher
beschriebenen Strukturen identifizieren können. Wenn Ihnen nicht klar
wird, was die Grundaussage eines Texts ist, wie die Argumentation durchgeführt wird oder in welchem Zusammenhang die präsentierten Informationen stehen, kann es hilfreich sein, den Aufbau zu analysieren.

Unterteilen Sie hierfür den Text in Sinnabschnitte, nachdem Sie ihn gelesen und möglichst auch Unterstreichungen oder Randnotizen angebracht
haben. Sie können sich hierfür an der Textaufteilung in Kapitel und Absätze
orientieren und Überschriften einbeziehen. Je kürzer der Text ist und je
gründlicher Sie ihn verstehen wollen, desto kürzer sollten die Abschnitte sein.

Gehen Sie dann ähnlich vor wie bei der Arbeitstechnik „Exzerpieren
Absatz für Absatz" (vgl. S. 68) und vergeben Sie für jeden Abschnitt eine

Überschrift oder ein Schlagwort. Bestimmen Sie zusätzlich die Funktion, die der Abschnitt in dem gesamten Text einnimmt (z. B. *Einführung Beispiel 2, Beispiel 2, Erklärung Beispiel 2, Bezug Beispiel 2 auf Theorie*), und die Beziehung, die zwischen den einzelnen Abschnitten besteht. Achten Sie hierfür auf Wörter, die auf bestimmte Elemente wissenschaftlicher Texte hinweisen (z. B. *These, Beispiel, Definition, Argument*) und auf Formulierungen, die wissenschaftliche Tätigkeiten benennen (z. B. *begründen, erklären, analysieren, fragen* etc.). Da dies häufig in Texten nicht explizit formuliert wird, können Sie sich auch fragen: Welche gedankliche Handlung wird in diesem Absatz vollzogen?

Wenn Sie die Überschriften anschließend untereinanderschreiben, können Sie den inhaltlichen Aufbau des Texts rekonstruieren und daraus eine Feingliederung erstellen. Überlegen Sie hierfür, ob sich einzelne Aspekte durch eine übergeordnete Überschrift zusammenfassen lassen, so dass eine hierarchisch aufgebaute Gliederung entsteht, die Sie durchnummerieren oder als Mindmap darstellen können.

Übung

Ergänzen Sie das Exzerpt auf S. 70 durch die Funktion der Abschnitte. Schreiben Sie diese Stichworte untereinander, ergänzen Sie möglicherweise übergeordnete Überschriften und erstellen Sie so eine Gliederung des Texts.

Lösungsvorschlag

1. *These: Die dominante Theorie war nicht der reine Neoliberalismus*
2. *Andere Interpretationen der europäischen Integration (z. T. als Gegenmeinung)*
   2.1. *Linksorientierte Perspektive*
   2.2. *Liberale Perspektive*
3. *Bestätigung der These*
   3.1. *Verfeinerung der These durch Synthese der vorgestellten Perspektiven*
   3.2. *Beispiel/Argument*

Wenn Sie den Inhalt und Aufbau eines Texts auf diese Weise analysiert haben, können Sie seine argumentative Struktur und Schlüssigkeit kritisch überprüfen.

3.5 Ebene Sprache: Wissenschaftssprache durchschauen und verstehen

Die sprachliche Gestaltung vieler wissenschaftlicher Texte weist Besonderheiten auf, die sie z. B. von journalistischen Texten stark unterscheiden. Gründe hierfür sind, dass die Wissenschaftssprache komplexe Inhalte wiedergibt und besonders genau sein soll. Das zeigt sich häufig in der Verwendung von Fachbegriffen und langen Sätzen. Darüber hinaus folgen viele Texte nicht unbedingt dem Ideal leichter Verständlichkeit und sind in einem komplizierten Stil geschrieben. Vielleicht kennen Sie das Gefühl, zwar einen Text in Ihrer Muttersprache zu lesen, ihn aber doch als sehr fremdartig zu empfinden. Auch hier helfen Übung und die aktive Auseinandersetzung mit der Fachliteratur: Je mehr Sie lesen, desto vertrauter und verständlicher wird Ihnen der Stil dieser Texte werden.

> **Übung Lektürejournal**
>
> Übersetzen Sie von der Wissenschaftssprache in die Alltagssprache: Notieren Sie, wann immer es sich anbietet, Inhalte aus Ihrem Fach in Ihrer alltäglichen Sprache. Schreiben Sie so, als würden Sie Ihrem Freund erzählen, was Sie gerade gelesen haben, oder an Ihre Freundin schreiben.

Durch diese Übung können Sie sich die Wissenschaftssprache zu eigen machen, indem Sie sich intensiv mit ihr beschäftigen und eine Verbindung zu Ihrer Alltagssprache herstellen. Gleichzeitig unterstützt Sie die Umformulierung dabei, die Fachinhalte besser zu verstehen.

3.5.1 Wortwahl: Fachterminologie und unbekannte Begriffe

Ein auffälliges Kennzeichen wissenschaftlicher Texte ist die Verwendung von Fachterminologie. Viele der Fachbegriffe sind Fremdwörter, die v. a. aus dem Lateinischen (z. B. Transgression), Griechischen (z. B. Osmose) und Englischen (z. B. Compiler) übernommen sind. Andere sind deutsche Wortzusammensetzungen oder Wortneuschöpfungen (z. B. Besitzmittlungswille). Ihre Funktion ist, Phänomene aus dem jeweiligen wissenschaftlichen Bereich möglichst eindeutig zu benennen und so für eine möglichst effiziente und reibungslose Verständigung zu sorgen. Derselbe Fachbegriff wird allerdings nicht immer in allen Fächern gleich verwendet. So bedeutet z. B. der Begriff Symbol etwas anderes, je nachdem, ob er in der Linguistik, der Rhetorik, der Psychologie, Soziologie, Mathematik oder Informatik verwendet wird. Selbst in literaturwissenschaftlichen Gedichtinterpretationen variiert seine Bedeutung, je nach der Theorie, die zugrunde gelegt wird.

Wenn Sie sich mit einem Thema noch nicht lange beschäftigen, können Fachbegriffe aber dazu führen, dass ein Text für Sie schwer verständlich ist: Sie kennen viele der Wörter nicht oder haben den Eindruck, dass Begriffe anders als in der Alltagssprache verwendet werden. Durch die Auseinandersetzung mit den Fachbegriffen können Sie sich dann einen Zugang zum Inhalt des Texts verschaffen und sich zugleich das Themengebiet erschließen. Die wichtigsten **Strategien** sind hierbei:

- In Fachlexika nachschlagen
- Die Bedeutung aus dem Text erschließen

Ein Beispiel für einen Text mit vielen Fachbegriffen finden Sie auf S. 46 (Molekularbiologie). Vor allem fest etablierte Fachbegriffe werden in wissenschaftlichen Texten als bekannt vorausgesetzt und ohne jede Erläuterung verwendet, wie im Beispieltext z. B. *prokaryotische Mikroorganismen* (einzellige Lebewesen ohne Zellkern). Um die Bedeutung dieser Begriffe zu klären, müssen Sie nachfragen oder nachschlagen. Verwenden Sie hierfür die in Ihrem Fach anerkannten Nachschlagewerke oder Ihr Unterrichtsmaterial, wie Lehrbücher, Skripte, eigene Mitschriften. Ein Fremdwörterbuch reicht oft nicht aus, weil dort häufig nicht die fachspezifischen Bedeutungen aufgenommen sind.

Auch wenn Sie vielleicht viele der Begriffe zur Beschreibung des Stoffwechsels unterschiedlicher Lebewesen bisher nicht kannten, können Sie aber wahrscheinlich trotzdem den Inhalt in groben Zügen verstehen. Das liegt daran, dass viele der Fachbegriffe im Text entweder explizit oder durch den Kontext erklärt werden: *Nahrungsquellen können organischen oder anorganischen Ursprungs sein, man spricht von chemoorganotropher bzw. chemolithotropher Lebensweise.* Chemoorganotrophe Lebensweise bedeutet also eine Ernährung durch organische Stoffe. Ähnlich lässt sich aus der Formulierung *ein weiterer unter Ausschluss von Sauerstoff ablaufender Metabolismus* schließen, dass Metabolismus Stoffwechsel bedeutet, da es im vorhergehenden Satz um eine *Form des Stoffwechsels* geht und der gesamte Text den Stoffwechsel zum Thema hat.

Achten Sie also darauf, ob Sie in einem Text Hinweise auf die Bedeutung der verwendeten Fachbegriffe finden. Häufig werden die grundlegenden Begriffe am Anfang einer Publikation definiert und erläutert. Zu den Informationen, die Ihnen ermöglichen, einen Begriff zu verstehen, gehören neben Definitionen auch Abgrenzungen von ähnlichen Begriffen, die Einordnung des Begriffs in eine theoretische Schule, die Herleitung der Wortbedeutung und Beispiele. Sie können hierfür gut die Technik Textnetz (vgl. Kap. 2.6.2) anwenden.

Übung Lektürejournal

Sammeln Sie zu einem Fachbegriff alle Informationen, die Sie aus dem Text erschließen können. Bilden Sie Hypothesen darüber, was der Begriff bedeuten könnte, und sammeln Sie Fragen, die sich Ihnen stellen. Schreiben Sie einen Text über Ihr Verständnis des Begriffs. Schlagen Sie den Begriff dann nach und ergänzen bzw. korrigieren Sie Ihren eigenen Text so, dass eine vollständige Begriffsbestimmung in Ihrem Journal steht.

In dem Beispieltext aus der Molekularbiologie haben Sie die Fachbegriffe wahrscheinlich daran erkannt, dass es Ihnen unbekannte Fremdwörter waren. Das ist jedoch nicht immer der Fall. Im folgenden Text benötigen Sie einiges Vorwissen, um die blau hervorgehobenen Wörter als Fachbegriffe und Schlüsselwörter bestimmter theoretischer Richtung zu identifizieren:

Text	Kommentar zum Wortgebrauch
*Zum Ursprung des Schreibens gehört die „Selbstverewigung" (Assmann 2003, 46), die gebieterisch nach Dauerhaftigkeit verlangt. Deshalb war das Entfernen von Schrift, sei es mit Meißel oder Messer, Bimsstein oder Radiergummi, motorisch und zeitlich meist aufwändiger als das Herstellen, wobei immer die Gefahr bestand, dass Spuren **palimpsestisch** zurückblieben. Es gibt wenige Medien, die Geschriebenes vollständig zum Verschwinden bringen können, ohne selbst zerstört oder beschädigt zu werden: Zu viel radieren macht Löcher ins Blatt. Ein Beispiel wäre die Wachstafel, die geeignet ist, Schrift aufzuzeichnen und auszulöschen. Aber der Archivgedanke der Neuzeit hat nicht einmal der Wachstafel ihre wiedergewonnene Unschuld gegönnt. In der Konstruktion des **Wunderblocks** definiert Freud bekanntlich gerade die Wachstafel als **Archiv** übereinandergeschriebener **Spuren**.* (nach Fliedl 2006, 27, gekürzt und adaptiert)	• **palimpsestisch** von Palimpsest: 1. Handschriftenkunde: Pergament, von dem ein älterer Text abgekratzt wurde, um einen neuen Text darauf zu schreiben. 2. Metapher für das Gedächtnis, in dem sich Erinnerungen überlagern. 3. Begriff aus der Intertextualitätstheorie von Genette: Ein Text bezieht sich immer auf frühere Texte, die er sozusagen wie bei 1. überlagert. • **Wunderblock:** 1. Kinderspielzeug 2. Von Freud geprägtes Bild für das Gedächtnis, in dem Erinnerungen nie vollständig gelöscht werden, sondern als Spuren im Unbewussten vorhanden bleiben. • **Archiv:** 1. Alltagsbedeutung 2. Begriff aus der Diskurstheorie von Foucault • **Spur:** 1. Alltagsbedeutung 2. Im Sinne von Freuds Wunderblock 3. Schlüsselwort der Philosophie von Derrida

Das Beispiel zeigt, dass Wörter gleichzeitig eine Alltags- und eine oder mehrere Fachbedeutungen haben können. Um den Text oben in seiner Tiefe zu verstehen, ist es wichtig, die Theorien, die im Zusammenhang mit den Wörtern stehen, wenigstens in Grundzügen zu kennen. Was können Sie also tun?

- Schlagen Sie auch Begriffe nach, deren Bedeutung Sie im Alltag kennen, wenn Sie beim Lesen den Eindruck haben, dass sie in einer besonderen Weise verwendet werden. Nicht immer sind diese Schlüsselbegriffe allerdings verzeichnet. Suchen Sie in spezialisierten Fachlexika (für das Beispiel oben z. B. das Metzler Lexikon Literatur- und Kulturtheorie, Nünning 2008) und Stichwortverzeichnissen von Einführungen.
- Informieren Sie sich z. B. in Fachlexika oder Einführungen über die Theorien, die hinter den verwendeten Begriffen stehen.
- Folgen Sie Hinweisen im Text, woher bestimmte Begriffe stammen (im Beispiel oben: Freuds Text zum Wunderblock).

Wenn Sie **ältere Texte** lesen, ist es wichtig, zudem damit zu rechnen, dass sich die Bedeutung einzelner Fachtermini oder philosophischer Begriffe über die Zeit verändert. Wenn Sie diesen Verdacht haben, können Sie, falls vorhanden, eine Begriffsgeschichte oder einen historischen Überblick über das Thema heranziehen. Nützlich ist auch ein Blick in Wörterbücher aus der Zeit des Texts oder in ein historisches Wörterbuch, wie das von den Brüdern Grimm begründete Deutsche Wörterbuch, das auch online verfügbar ist: http://dwb.uni-trier.de/de/.

Tipp

Legen Sie eine Liste oder eine Kartei mit Fachbegriffen aus Ihrem Bereich an. Schreiben Sie möglichst eine Definition in eigenen Worten dazu und notieren Sie evtl. auch, wo der Begriff besonders verständlich erklärt wird.

Ihre Sammlung von Fachbegriffen können Sie als individuelles Nachschlagewerk beim Lesen nutzen oder auch für Prüfungsvorbereitungen und das Formulieren einer Hausarbeit.

3.5.2 Syntax: Lange Sätze, unklare Bezüge und kondensierter Stil

Viele wissenschaftliche Texte, v. a. der Geistes-, Kultur- und Sozialwissenschaften, weisen syntaktische und grammatikalische Besonderheiten auf,

die das Verständnis erschweren können: Einerseits werden für die Beto-
nung von Zusammenhängen und Wechselbeziehungen häufig **lange und
verschachtelte Sätze** verwendet. Dies kann dazu führen, dass Sie beim
Lesen den roten Faden verlieren und keinen Zusammenhang zwischen
einzelnen Informationen herstellen können. Andererseits wird in Texten
häufig möglichst viel mit möglichst wenig Worten ausgedrückt. Hierfür
werden Konstruktionen wie Passiv, Nominalstil und Wortzusammensetzungen verwendet, bei denen bestimmte Informationen weggelassen werden, die Sie beim Lesen ergänzen müssen. Beide Phänomene führen dazu,
dass Texte dieser Art Ihre volle Konzentration, gute Lesebedingungen und
manchmal auch die bewusste Analyse einzelner Abschnitte erfordern.
   Wenn Sie Schwierigkeiten haben, einen langen Satz beim ersten Lesen
zu verstehen, kann es hilfreich sein, ihn in einzelne Aussagen zu zerlegen.

Einen komplexen Satz Schritt für Schritt zerlegen

- Entschachteln Sie den Satz: Identifizieren Sie zusammenhängende
  Hauptsätze und lösen Sie die Aussagen in Einschüben und Neben-
  sätzen heraus.
- Schreiben Sie alle Aussagen in einzelnen Sätzen auf.
- Formulieren Sie explizit, in welchem Verhältnis diese Aussagen zu-
  einander stehen. Hierfür können Sie die Bezüge von Relativprono-
  mina (z. B. der Mann, <u>der</u> in den Bus steigt), die Bedeutung von
  Konjunktionen (z. B. weil, wenn, nachdem) und den inhaltlichen
  Zusammenhang nutzen. Vielleicht ist es für Sie auch hilfreich, sich
  diese Beziehungen aufzumalen.

Wenn Sie diese Prozedur einige Male schriftlich durchführen, wird es
Ihnen immer leichter fallen, einen Satz auch im Kopf zu zerlegen und
beim Lesen schneller zu verstehen.

Übung

Zerlegen Sie den folgenden Satz:

*Auf Grund der vom Gesetz zur Neuregelung der Flugsicherheit gewählten Kon-
zeption, die an der rechtlichen Qualifizierung der Flugverkehrsdienste als hoheitliche Aufgabe des Bundes festhält (§ 1 Abs. 2 Satz 1 FSG) und den Weg zur
Kapitalprivatisierung frei macht (Art. 2 Nr. 19 des Gesetzes), um anschließend
eine Beleihung des neu entstehenden Privatrechtssubjekts vornehmen zu können*

(§ 3 FSG), steht die Gewährleistungsverantwortung des Bundes für die Flugsicherung dem Grunde nach fest und wird auch von den gesetzgebenden Organen anerkannt.
(Schoch 2006, 47)

Lösungsvorschlag

- *Die Gewährleistungsverantwortung des Bundes für die Flugsicherung steht dem Grunde nach fest.*
- *Die Gewährleistungsverantwortung des Bundes für die Flugsicherung wird auch von den gesetzgebenden Organen anerkannt.*
- *Grund für das Feststehen und die Anerkennung der Gewährleistungsverantwortung des Bundes für die Flugsicherung ist die vom Gesetz zur Neuregelung der Flugsicherheit gewählte Konzeption.*
- *Die Konzeption hält an der rechtlichen Qualifizierung der Flugverkehrsdienste als hoheitliche Aufgabe des Bundes fest (§ 1 Abs. 2 Satz 1 FSG).*
- *Die Konzeption macht den Weg zur Kapitalprivatisierung frei (Art. 2 Nr. 19 des Gesetzes).*
- *Das neu entstehende Privatrechtssubjekt kann beliehen werden (§ 3 FSG).*
- *Das Ziel der Kapitalprivatisierung ist, anschließend eine Beleihung des neu entstehenden Privatrechtssubjekts vornehmen zu können (§ 3 FSG).*

Um das Verhältnis der Aussagen zueinander deutlich zu machen, sind in der Liste alle Pronomina durch die Satzelemente ersetzt, auf die sie sich beziehen. Stilistisch ist diese Umformulierung deshalb wesentlich schwerfälliger als das Original.

Wenn in einem Satz eine **Passivkonstruktion** verwendet wird, hat dies zur Folge, dass das Subjekt der Handlung nicht ausgedrückt wird und also nicht explizit gesagt wird, wer etwas tut. Häufig spielt das keine Rolle, z. B. in technischen Beschreibungen: *Das Wasser wird auf 60 °C erhitzt.* In anderen Fällen ist es notwendig, diese Information aus dem Kontext zu erschließen, um eine Aussage vollständig zu verstehen.

Übung

Lesen Sie den folgenden Text und überlegen Sie, wer versucht, die beratende Beziehung zu verstehen und auszuprobieren.

[In dem Text geht es darum, wie Berater die Beziehung zu ihren Klienten gestalten.]

Die beratende Beziehung stellt eine Art soziale Bindung dar, die sich von jedweder anderen Bindung unterscheidet, die der Klient bis dahin erfahren hat. Häufig wird über beträchtliche Strecken der ersten Kontakte versucht, diese ganz anders geartete Form einer menschlichen Beziehung zu verstehen und auszuprobieren. Diese Tatsache muß der Berater erkennen, wenn er die Situation wirkungsvoll handhaben will.
(Rogers 1972, 83 f.)

> **Lösung**
>
> Gemeint ist (höchstwahrscheinlich) der Klient. Im Textauszug finden Sie folgende Hinweise für diese Interpretation des Passivs: Im Satz davor wird der Klient erwähnt. Im Satz danach heißt es, dass der Berater dies erkennen muss; daraus lässt sich schließen, dass nicht er versucht, die beratende Beziehung zu verstehen und auszuprobieren.

Wichtig ist, dass Sie sich dessen bewusst sind, dass Sie bei Passiv und anderen sprachlichen Konstruktionen (z. B. Nominalstil, Wortzusammensetzungen) Informationen aus dem Kontext ergänzen müssen. Geben Sie sich nicht mit einem unvollständigen Textverständnis zufrieden, sondern überlegen Sie sich genau, was eine Formulierung bedeutet.

3.6 Fremdsprachige Texte und Übersetzungen

Zu vielen Themen wird in unterschiedlichen Sprachen publiziert und Sie haben einen großen Vorteil, wenn Sie in mehr als einer Sprache lesen können. In den meisten Fächern können Sie zudem englischsprachige Texte kaum ignorieren, weil Englisch als internationale Wissenschaftssprache gilt.

Wenn Sie **Fachliteratur in Fremdsprachen** lesen, begegnen Sie je nach Sprache und Sprachbeherrschung unterschiedlichen Schwierigkeiten und die Unsicherheiten können größer sein als beim Lesen in Ihrer Muttersprache. Neben Übung, Geduld mit sich selbst und den allgemeinen Arbeitstechniken aus diesem Buch können folgende Vorgehensweisen hilfreich für das Lesen in Fremdsprachen sein:

Tipps zum Verstehen fremdsprachiger Texte

- Nutzen Sie auch Informationsquellen in anderen Sprachen, um Grundwissen zum Thema aufzubauen. Achten Sie dabei darauf, dass in den Texten dieselben theoretischen Grundlagen verwendet werden.
- Bauen Sie bewusst Ihren Fachwortschatz auf und legen Sie sich hierfür ein eigenes Wörterbuch an, in das Sie Übersetzungen und Erklärungen von Fachbegriffen eintragen. Ähnlich können Sie mit Wendungen vorgehen, die allgemein in wissenschaftlichen Texten verwendet werden. So eignen Sie sich gezielt die (noch) fremde Wissenschaftssprache an.
- Probieren Sie unterschiedliche ein- und mehrsprachige Wörterbücher beim Lesen eines Fachtexts aus und entscheiden Sie dann, welches für Sie am nützlichsten ist. Frei zugängliche Onlinewörterbücher sind z. B. http://www.linguee.com/ (für englisch – deutsch, spanisch, französisch, portugiesisch, mit vielen Anwendungsbeispielen) oder http://www.leo.org/ (für deutsch – englisch, französisch, spanisch, italienisch, chinesisch, russisch).
- Lesen Sie möglichst einen Abschnitt zu Ende und schlagen Sie erst dann unbekannte Wörter nach, die Sie zuvor unterstrichen haben. So unterbrechen Sie nicht ständig den Lesefluss und trainieren, Wortbedeutungen aus dem Zusammenhang zu erschließen.
- Wenn Sie in unterschiedlichen Sprachen lesen und schreiben, können Sie auch in Ihrem Lektürejournal unterschiedliche Sprachen verwenden. Neu gelernte Wörter und Konstruktionen prägen Sie sich durch die Verwendung in eigenen Texten besonders gut ein.

Während es früher nicht nur in den philologischen Fächern selbstverständlich war, theoretische Texte in der Originalsprache zu lesen, werden heute in allen Fächern häufig **Übersetzungen** herangezogen. Dies ist einerseits sinnvoll, um Zeit zu sparen und Texte lesen zu können, auch ohne die entsprechende Sprache zu beherrschen. Andererseits können durch Übersetzungen zusätzliche Verständnisprobleme entstehen.

Wenn Sie feststellen, dass in einem übersetzten Text immer wieder begriffliche Unschärfen auftauchen, die Ihnen das Verständnis erschweren, können Sie – wenn möglich – zusätzlich den Originaltext (oder auch eine Übersetzung in eine dritte Sprache) heranziehen, um diese Schwierigkeiten zu klären. Bei bekannten Grundlagentexten kann es auch hilfreich sein, Lexikonartikel zu dem Autor oder der Autorin in unterschiedlichen Sprachen zu lesen, z. B. in Wikipedia, um die Terminologie in verschiedenen Sprachen zu vergleichen.

> **Tipp**
>
> Wählen Sie die Themen, mit denen Sie sich im Studium beschäf-
> tigen, möglichst so, dass Sie die grundlegende Literatur zumin-
> dest auszugsweise auch im Original lesen können.
> Planen Sie Zeit ein, um Ihre Kenntnisse der Sprache(n) zu ver-
> bessern, in der/denen in Ihrem Fach viele Texte geschrieben sind.

Wenn Sie Fachtexte in anderen Sprachen und aus anderen Kulturen lesen, sollten Sie damit rechnen, dass sie möglicherweise anders sind, als Sie es, ausgehend von Ihrer bisherigen Lektüreerfahrung, erwarten. **Mögliche kulturell bedingte Unterschiede** können den Aufbau betreffen, die Argumentationsweise, die Form der Einbeziehung von Fachliteratur oder auch stilistische Besonderheiten (vgl. auch den Text auf S. 49). Wenn Sie trotzdem versuchen, diese Texte nach dem Ihnen vertrauten Schema zu verstehen, kann dies zu Schwierigkeiten oder gar Missverständnissen führen. Akzeptieren Sie den Text erst einmal so, wie er ist, und betrachten Sie ihn nicht als „falsch". Bemühen Sie sich darum, ihn nachzuvollziehen und herauszufinden, welchen Prinzipien er folgt. Prüfen Sie dann, ob Sie ihn für Ihre Zwecke nutzen können. So können Sie dafür sorgen, dass Sie offen für Texte aus anderen Traditionen sind und sich keine Informationen entgehen lassen, aber auch keine Quellen verwenden, die den Standards Ihres Fachs nicht entsprechen.

3.7 Texte besser verstehen durch Schreiben, Sprechen und Diskutieren

Zwischen dem Verständnis und der Wiedergabe eines Texts in eigenen Worten besteht ein enger Zusammenhang: Während Sie einerseits einen Text verstanden haben müssen, um ihn zusammenfassen zu können, hilft Ihnen andererseits die Zusammenfassung in eigenen Worten, ihn aktiv zu verstehen. Durch die eigene Formulierung konstruieren und befestigen Sie Ihre Lesart des Texts. Viele der Arbeitstechniken und Übungen sollen Sie deshalb dazu anregen, das Potential des Schreibens für das Verstehen zu nutzen. Vor allem aber können Sie das Lektürejournal fortlaufend zur Dokumentation Ihrer Lesetätigkeit nutzen.

Übung Lektürejournal

Machen Sie es sich zur Gewohnheit, regelmäßig über das zu schreiben, was Sie gelesen haben. Geben Sie hierfür zuerst die gelesenen Inhalte in eigenen Worten wieder und schreiben Sie dann Ihre Reaktionen, Fragen und Kommentare zu dem Text auf.

Sie können dieses Verfahren auch zur **Verständniskontrolle** nutzen: Wenn Sie feststellen, dass Sie einen Sachverhalt nicht in eigenen Worten formulieren können, ist dies möglicherweise ein Hinweis darauf, dass Sie ihn noch nicht ausreichend verstanden haben. Sie können so entscheiden, mit welchen Formulierungen und Inhalten Sie sich weiter auseinandersetzen wollen, um den gelesenen Text besser zu verstehen.

Nicht nur beim Schreiben, sondern auch beim Sprechen können Sie Gelesenes in eigenen Worten formulieren. Wenn Sie mit anderen über Texte sprechen, können Sie unmittelbar eine Rückmeldung bekommen, ob sie das, was Sie gesagt haben, verstanden haben und ob sie Ihre Lesart des Texts teilen. Nutzen und schaffen Sie also entsprechende Gelegenheiten!

Tipp

Gründen Sie mit drei bis sechs Mitstudierenden eine Lese- und Schreibgruppe. Treffen Sie sich alle ein bis zwei Wochen und diskutieren Sie über schwierige und interessante Texte.

In einer Lesegruppe können Sie sich über das Verständnis schwieriger Texte austauschen, kritisch diskutieren und einander zum Lesen motivieren.

Aktivitäten für eine Lesegruppe

- Lesen Sie gemeinsam schwierige Texte, für die Sie viel nachschlagen müssen, und teilen Sie sich die Vorbereitung dabei auf. So können Sie Zeit sparen.
- Lesen Sie dieselben Texte und vergleichen Sie Ihre Notizen oder Zusammenfassungen und diskutieren Sie über mögliche Unterschiede.
- Lesen Sie unterschiedliche Texte und berichten Sie sich gegenseitig vom Inhalt, die Zuhörenden stellen Verständnisfragen.
- Vereinbaren Sie verbindliche Termine, bis zu denen Sie bestimmte Texte gelesen haben wollen und teilen Sie sich so ein großes Lesepensum in überschaubare Portionen auf.

Nutzen Sie darüber hinaus in Ihrem Studium Gelegenheiten, sich schreibend und sprechend mit Fachtexten auseinanderzusetzen, sei es durch die aktive Teilnahme an Seminardiskussionen, sei es durch die Anfertigung von Hausarbeiten. Auf diese Weise können Sie nicht nur Studienleistungen erbringen, sondern auch die Grundlagentexte Ihres Fachs besser verstehen.

3.8 Funktionen von Forschungsliteratur in Studienarbeiten

Wenn Sie eine wissenschaftliche Haus- oder Abschlussarbeit schreiben, reicht es nicht aus, Forschungsliteratur bloß zu referieren. Neben Verstehen und unverfälschtem Wiedergeben der Texte ist es Ihre Aufgabe, den Inhalt kritisch zu reflektieren, gedanklich weiter zu verarbeiten und auf Ihre eigene Fragestellung zu beziehen. Je nach Fach, Thema und Anforderungen der Lehrenden unterscheidet sich die Funktion der gelesenen Literatur in Ihrer Arbeit. Die erwartete gedankliche Weiterentwicklung kann z. B. folgende Formen haben:

Weiterentwicklung des Gelesenen in der eigenen Arbeit

- Forschungsaussagen darstellen und zueinander in Beziehung setzen, um einen Überblick entweder über eine vorgegebene Anzahl an Texten oder den Stand der Forschung zu einem Thema zu geben (vgl. Kap. 3.12)
- Informationen aus unterschiedlichen Texten durch den Bezug auf eine Fragestellung in einen neuen Kontext stellen
- Positionen, Modelle oder Theorien vergleichen und bewerten (vgl. Kap. 3.11)
- Eine begründete eigene Position zum Gelesenen entwickeln (vgl. Kap. 3.10), es kritisch kommentieren (vgl. Kap. 3.9) und möglicherweise weiterdenken
- Eine eigene Analyse, Interpretation oder Argumentation durch die Wiedergabe von Forschungsergebnissen stützen
- Eigene Forschungsergebnisse in den Stand der Forschung einordnen und so deren Bedeutung diskutieren

Bei den ersten Beispielen in der Liste stehen die gelesenen Texte im Vordergrund, bei den späteren Ihre eigenen Gedanken, Interpretationen und Forschungsergebnisse. Innerhalb einer Arbeit kommen häufig unterschiedliche Formen der Weiterverarbeitung der Fachliteratur vor.

3.9 Kritisch lesen: Texte überprüfen und bewerten

Die erste Voraussetzung, um mit Texten wissenschaftlich weiterzuarbeiten, ist, Distanz zu ihnen einzunehmen und sie kritisch zu lesen. Das bedeutet nicht notwendigerweise Kritik zu üben, sondern das Gelesene zu überprüfen und möglicherweise in Frage zu stellen. Ein systematischer Zweifel an den Inhalten eines Texts bewirkt, dass Sie ihn besser verstehen, sich aktiv mit ihm auseinandersetzen und eine eigene Position entwickeln können. Häufig laufen das Verstehen und das Überprüfen eines Texts gleichzeitig ab und unterstützen sich gegenseitig. Sie können „believing game" und „doubting game" (vgl. Kap. 1.2) aber auch voneinander trennen, um sich jeweils besser zu konzentrieren.

Wie Sie im Einzelnen vorgehen, wenn Sie einen Text kritisch überprüfen, und worauf Sie dabei achten, ist vom Thema und vom Fach abhängig. **Ansatzpunkte** können Sie z. B. folgendermaßen finden:

- Sichten Sie Ihre Leseprotokolle, Ihr Journal oder die Notizen, die Sie sich zu dem Text gemacht haben, und unterstreichen Sie alle kritischen Anmerkungen oder Fragen. Überlegen Sie auch, ob sich aus Verständnisschwierigkeiten, die Sie hatten, Kritikpunkte ergeben können.
- Lesen Sie weitere Texte zum selben Thema, um verschiedene Positionen vergleichen zu können oder um theoretische Aussagen anhand der Ergebnisse empirischer Studien zu überprüfen.
- Wenn in dem Text vor allem andere Texte analysiert und interpretiert werden (z. B. Geschichte, Literaturwissenschaft, Jura): Machen Sie sich selbst ein Bild von den behandelten Texten. Das ist vor allem dann sinnvoll, wenn Sie eine Interpretation oder Analyse nicht nachvollziehen können oder problematisch finden. Dabei können Sie entweder Stichproben nehmen oder den gesamten untersuchten Text lesen.

Bei der kritischen und distanzierten Lektüre des Texts können Sie je nach Fach z. B. folgende Fragen stellen:

Fragen zur kritischen Lektüre

- Welche Absicht verfolgt der Autor oder die Autorin mit seinem/ihrem Text? Teilen Sie diese Absicht auch nach kritischer Überprüfung?
- Gibt es in der Darstellung Widersprüche oder Lücken?
- Stimmen die Fakten, die im Text genannt werden? Überprüfen Sie Informationen, wenn Sie an der Richtigkeit zweifeln, durch den Ver-

gleich mit anderen Informationsquellen. Bei technischen oder mathematischen Texten kann es auch sinnvoll sein nachzurechnen oder eine Zeichnung anzufertigen.

- Ist das Beschriebene für Sie nachvollziehbar? Deckt es sich mit Ihrem Erfahrungswissen? Wenn nein: Wie lässt sich dieser Unterschied erklären?
- Sind die Modelle, Theorien und Argumentationen, die im Text vorgestellt werden, schlüssig?
- Sind Interpretationen und Schlussfolgerungen im Text nachvollziehbar? Entsprechen sie den Regeln des Fachs und sind sie ausreichend mit Material oder Ergebnissen abgesichert?
- Wenn ein Text Bewertungen oder Urteile enthält: Auf der Grundlage welcher Maßstäbe, Werte oder Normen werden diese Bewertungen vorgenommen? Wird das im Text deutlich gemacht oder wird nur implizit gewertet? Sind die Maßstäbe angemessen und vertretbar? Auf welche Position, Theorie oder Weltanschauung gehen sie zurück? Welche Implikationen haben sie?
- Werden anderen Positionen oder Interpretationen oder Theorien zum Thema ausreichend berücksichtigt?
- Haben sich andere Wissenschaftler und Wissenschaftlerinnen mit den Aussagen des Texts kritisch auseinandergesetzt?

Verwenden Sie zusätzlich die Bewertungsmaßstäbe für wissenschaftliche Texte, die in Ihrem Fach üblich sind und die häufig in enger Verbindung zu den verwendeten Forschungsmethoden stehen. Zwei Checklisten zur Bewertung von empirischen Arbeiten in den Sozialwissenschaften finden Sie z. B. bei Stary/Kretschmer (1994, 78 ff.) (vgl. S. 148). Sie bestehen aus Fragen, die bei der Überprüfung eines Texts helfen können, z. B. Wurde die generelle Fragestellung der Untersuchung in Hypothesen dargestellt?

Übung Lektürejournal

Um zu einem Text eine kritisch-distanzierte Haltung einzunehmen, können Sie ganz bewusst das „doubting game" spielen. Schreiben Sie zügig, und ohne auf die Formulierungen zu achten, alle Zweifel, Fragen, Kritikpunkte zu einem Text auf, die Ihnen einfallen. Gehen Sie dabei übertrieben zweiflerisch vor. Ziehen Sie dann wiederum Ihre Zweifel in Zweifel, indem Sie sie durch eine erneute Lektüre der relevanten Textstellen und, wenn notwendig, zusätzlicher Texte überprüfen. So können Sie eine fundierte Kritik eines Texts und eine eigene Position erarbeiten.

3.10 Gedanken zum Gelesenen entwickeln – Auswertung des Lektürejournals

Nicht immer ist es einfach, eigene Gedanken zu einem gelesenen Text zu entwickeln. Gerade wenn Sie viele Informationen aus unterschiedlichen Texten aufnehmen, haben Sie möglicherweise den Eindruck, dass schon alles gesagt ist oder dass Sie angesichts der vielen Forschungsergebnisse und Forschungsmeinungen keine eigene Position beziehen können. Das Lektürejournal gibt Ihnen einen Raum, um eigene Gedanken aufzuschreiben und weiterzuentwickeln. Auch Gefühle, die Texte bei Ihnen auslösen, können Ihnen Hinweise für eine weitere Auseinandersetzung mit dem Gelesenen geben.

Während Sie Texte lesen, können Sie im Grunde gar nicht verhindern, über die Inhalte nachzudenken. Vielleicht kennen Sie aber die Situation, dass Sie sich später nur noch an Bruchstücke dieser Gedankengänge erinnern. Wenn Sie von Anfang an auch zu diesen Ideen Notizen machen, werden Sie wahrscheinlich feststellen, dass Ihnen die eigenständige Auseinandersetzung mit den Fachtexten immer leichter fällt. Sie können dafür folgendermaßen vorgehen:

Tipps zur Entwicklung eigener Gedanken beim Lesen

- Notieren Sie Einfälle, Querverbindungen, Fragen usw. unmittelbar beim Lesen. Nutzen Sie dafür das Lektürejournal, ein Lektüreprotokoll, ein Exzerpt oder Randnotizen. Gehen Sie diese Aufzeichnungen von Zeit zu Zeit durch und unterstreichen Sie die Aspekte, die Sie weiterverfolgen wollen.
- Schreiben Sie, nachdem Sie einen Text oder einen Textabschnitt gelesen haben, alles auf, was Ihnen dazu einfällt. Folgen Sie auch Ihren Abschweifungen. Lesen Sie anschließend das Geschriebene durch, unterstreichen Sie die Stellen, die Ihnen besonders wichtig sind, und fassen Sie den Kernpunkt Ihrer Überlegungen in einem Satz zusammen.
- Auch die Übung in Kapitel 4.8.2 (einen fiktiven Brief an den Autor oder die Autorin eines Texts schreiben) kann Sie zu eigenen Gedanken anregen.
- Diskutieren Sie mit anderen über den Text und schreiben Sie danach die Hauptpunkte auf.

Um den Überblick darüber zu behalten, was Sie sich beim Lesen bereits angeeignet haben und **wie sich Ihr Blick auf das Thema verändert**, kann es sinnvoll sein, wenn Sie von Zeit zu Zeit einen Schritt zurücktreten und sich ansehen, was Sie in der Phase des Einlesens aufgeschrieben haben (vgl. Anregungen S. 33). Vergleichen Sie diese Überlegungen mit Ihrem jetzigen Wissensstand. Das verhindert, dass Sie Ihre eigenen Gedanken von der Fülle des angelesenen Wissens lähmen lassen, und kann Sie motivieren, selbst zu denken. Häufig verbergen sich in den ersten Notizen zu einem Thema Ideen, die einen guten Ausgangspunkt für weitere Überlegungen bieten.

Übung Lektürejournal

Stellen Sie sich folgende Fragen und schreiben Sie darüber in Ihrem Lektürejournal:

- Hat sich Ihre Sicht auf das Thema durch das neue Wissen verändert und wenn ja, wie?
- Welche Ihrer anfänglichen Fragen sind durch das Lesen beantwortet worden? Welche nicht? Warum nicht?
- Haben sich durch das neue Wissen auch neue Fragen ergeben?
- Gibt es Punkte, in denen Ihre ersten Überlegungen von dem abweichen, was Sie gelesen haben? Gibt es Widersprüche? Wenn ja: Woran liegt das? Wo müssten Sie Ihre Haltung revidieren? Wo können Sie Ansatzpunkte für eigene Gedanken finden?

Das Lektürejournal ist eine wertvolle Fundgrube, wenn Sie nach einer Lesephase Ihre Hausarbeit konzipieren oder beim Schreiben ein neues Kapitel beginnen. Bei der Auswertung können Sie folgendermaßen vorgehen:

Auswertung des Lektürejournals

- Vergegenwärtigen Sie sich Thema und Fragestellung Ihrer Hausarbeit oder des Kapitels, das Sie vorbereiten wollen.
- Lesen Sie Ihre Aufzeichnungen durch und unterstreichen Sie die Aspekte (Gedanken, Fragen, Informationen), die Ihnen für Ihre Hausarbeit verwertbar erscheinen.
- Schreiben Sie eine Liste oder ein Mindmap. Sie können die Aspekte auch auf Karten schreiben, um sie später flexibel weiter zu ordnen.
- Ergänzen Sie weitere Aspekte, die Ihnen bei der Auswertung des Journals einfallen, und entwickeln Sie Ihre Ideen systematisch weiter.

Ein Beispiel, wie eine Notiz aus dem Lektürejournal sprachlich und inhaltlich in einer Hausarbeit weiterverwendet werden kann, finden Sie auf S. 136 f. als Beispiel für das Mosaikverfahren zum Schreiben mit Bezug auf Fachliteratur.

3.11 Positionen vergleichen, bewerten und Schlussfolgerungen ziehen

Wenn Sie unterschiedliche Forschungstexte lesen, ergibt sich nicht immer ein einheitliches Bild: Viele Themen werden kontrovers diskutiert, es gibt widersprüchliche Interpretationen oder Positionen, Modelle erklären möglicherweise nur einen bestimmen Aspekt des untersuchten Gegenstands. Die Aufgabe, in einer Hausarbeit einen Ausschnitt aus dieser Diskussion wiederzugeben, umfasst mehr, als die einzelnen Texte zusammenzufassen, und ermöglicht Ihnen, einen eigenen Beitrag zu Ihrem Thema zu leisten.

Dabei geht es nicht darum, alle gelesenen Erkenntnisse in eine einzige, geschlossene, widerspruchsfreie Darstellung zu integrieren und also eine Synthese aus allen Forschungsmeinungen herzustellen. Das wäre in den meisten Fällen auch nicht möglich. Ihre Aufgabe ist vielmehr, auch die Widersprüche und Unvereinbarkeiten in der Forschung zu Ihrem Thema darzustellen, indem Sie die unterschiedlichen Ansätze wiedergeben, vergleichen, möglicherweise bewerten und daraus Schlussfolgerungen ziehen. Wichtig bei der **Bewertung von Forschungsmeinungen** ist, dass Sie immer den Bezugspunkt Ihrer Bewertung deutlich machen und die Darstellung des Gelesenen auf Ihre Fragestellung zuschneiden. Je nach Thema können unterschiedliche Aspekte im Vordergrund stehen, z. B.

- Welche Stärken und Schwächen haben die dargestellten Ansätze?
- Welche Aspekte des Untersuchungsgegenstands können die Ansätze jeweils besonders gut erklären?
- Auf welche Bereiche lassen sich die Theorien besonders gut anwenden?
- Wie lassen sich die Theorien auf einen bestimmten Gegenstand anwenden?
- Welchem Ansatz ist im Rahmen Ihrer Fragestellung der Vorzug zu geben?

Beispiel: Thema einer sprachwissenschaftlichen Hausarbeit sind unterschiedliche Theorien zur Wortbildung, die auf eine bestimmte Auswahl von Texten angewendet werden sollen. Die Fragestellung könnte sein, welche Aspekte der Theorien für die Beschreibung und Erklärung der Wortbildungen in den Texten besonders gut geeignet sind. Das Kriterium für den Vergleich und die Bewertung der Theorien ist ihre Tauglichkeit für die Analyse der Texte. Eine Schlussfolgerung könnte schließlich sein, welche der Theorien am besten für Ihr Material geeignet ist oder welche Aspekte der Theorien aufgrund Ihrer Untersuchung besonders wichtig sind und deshalb bei einer neuen Theorie berücksichtigt werden sollten.

In naturwissenschaftlichen und anderen empirischen Arbeiten finden der Vergleich und die Bewertung unterschiedlicher Positionen und Forschungsergebnisse in einem eigenen Kapitel statt, das meist den Titel *Diskussion* trägt. Ausgangspunkt sind hier die eigenen Forschungsergebnisse, die mit bereits publizierten Ergebnissen zum selben Thema verglichen werden. Wenn die Ergebnisse voneinander abweichen, wird von Ihnen erwartet, dass Sie Erklärungsansätze für die Unterschiede entwickeln.

Beziehen Sie Position, indem Sie unterschiedliche Forschungsmeinungen nicht unkommentiert nebeneinander stehen lassen, sondern explizit vergleichen und jeweils angeben, warum Sie sich mit Blick auf Ihre Fragestellung welcher Meinung anschließen (vgl. auch Kap. 4.8.4 und den Beispieltext auf S. 140).

3.12 Forschungspositionen systematisieren und einen Literaturüberblick schreiben

Vor allem in den Geistes-, Kultur- und Sozialwissenschaften kann ein beträchtlicher Teil Ihrer Leistung in einer Studienarbeit darin bestehen, dass Sie die wissenschaftliche Diskussion über ein Thema darstellen. Je nachdem, was für eine Art von Arbeit Sie schreiben, hat die systematisierte Zusammenfassung von Forschungsliteratur verschiedene Funktionen und unterscheidet sich in Umfang und Tiefe:

- In einem Referat oder einer Hausarbeit kann es Ihre Aufgabe sein, fünf vorgegebene Theorien z. B. zur schulischen Sozialisation darzustellen und zu vergleichen. Dann besteht Ihre Arbeit ganz aus einem systematisierten Literaturüberblick.
- In vielen Hausarbeiten, auf jeden Fall aber in Abschlussarbeiten und Dissertationen, wird zumeist am Anfang der Arbeit ein Forschungsüberblick erwartet, d. h. ein knapper Überblick darüber, was bereits über das Thema herausgefunden wurde und welche aktuellen Forschungspositi-

onen es gibt. Wie umfangreich die Literatur ist, die Sie hierfür lesen und wie ausführlich Sie sie referieren, hängt von der Art der Arbeit und den Anforderungen der Lehrenden ab. In jedem Fall ist es wichtig, die Literaturdarstellung auf die Fragestellung Ihrer Arbeit zuzuschneiden.

In beiden Fällen ist Ihre Aufgabe, sich einen Überblick über die Diskussion im Themenbereich zu verschaffen, die ausgewählten Texte in den Zusammenhang einzuordnen und zu entscheiden, wie Sie diese Forschungsergebnisse in Ihrem Text darstellen wollen.

Wenn zu Ihrem Thema bereits Überblicksartikel publiziert worden sind (z. B. in Lehrbüchern, Sammelbänden, Handbüchern oder speziellen Fachzeitschriften), können Sie sich von der Systematik dieser Darstellungen anregen lassen. Durch die Auseinandersetzung mit den folgenden Fragen können Sie auch selbst eine Ordnung in den verschiedenen Forschungspositionen herstellen und verstehen, wie sich die unterschiedlichen Positionen aufeinander beziehen und wie sie entstanden sind:

Fragen, um sich einen Überblick über ein Forschungsgebiet zu verschaffen

- Gibt es Forscherinnen und Forscher, die eine besonders wichtige Rolle spielen, die von allen genannt oder besonders häufig zitiert werden?
- Gibt es bestimmte Auffassungen, die von vielen geteilt werden?
- Wer vertritt ähnliche Positionen?
- Wer vertritt gegensätzliche Positionen?
- Lassen sich die Positionen auf verschiedene theoretische Grundauffassungen zurückführen?
- Werden unterschiedliche Methoden/Vorgehensweisen angewendet?
- Hat sich die Auffassung des Problems/Themas im Lauf der Zeit wesentlich verändert? Gab es wichtige Wendepunkte oder sogenannte Paradigmenwechsel?

Die Ergebnisse dieser Überlegungen lassen sich gut durch Arbeitstechniken fixieren und weiterentwickeln, die Sie dabei unterstützen, eine Ordnung herzustellen, wie Tabellen, Mindmaps, Karteikarten oder eine der folgenden Visualisierungsmethoden:

Landkarte
Malen Sie eine Landkarte Ihres Forschungsfelds, und ordnen Sie die Forschungspositionen im Raum an. Mit einer Landkarte entwerfen Sie das

gesamte Bild eines Forschungsthemas. Welche Himmelsrichtungen gibt es in Ihrem Forschungsfeld? Gibt es verschiedene Länder? Welche Länder sind befreundet, welche auch verfeindet? Ordnen Sie die einzelnen Positionen und Akteure auf einer Landkarte an: Was sind die Zentren, was die Provinzen, welche Position liegt ganz am Rande der Karte? Wo befinden sich die einsamen Höhen, die von allen anerkannt sind? Wo die Täler und Sümpfe (Widersprüche, unklare Methoden)? Wo die unbekannten weißen Flecken (Forschungslücken)?

Die folgende Skizze soll Ihnen eine Vorstellung davon geben, wie so eine Landkarte aussehen könnte. Je nach der Forschungslandschaft Ihres Themas können Sie ganz unterschiedliche topographische Möglichkeiten nutzen.

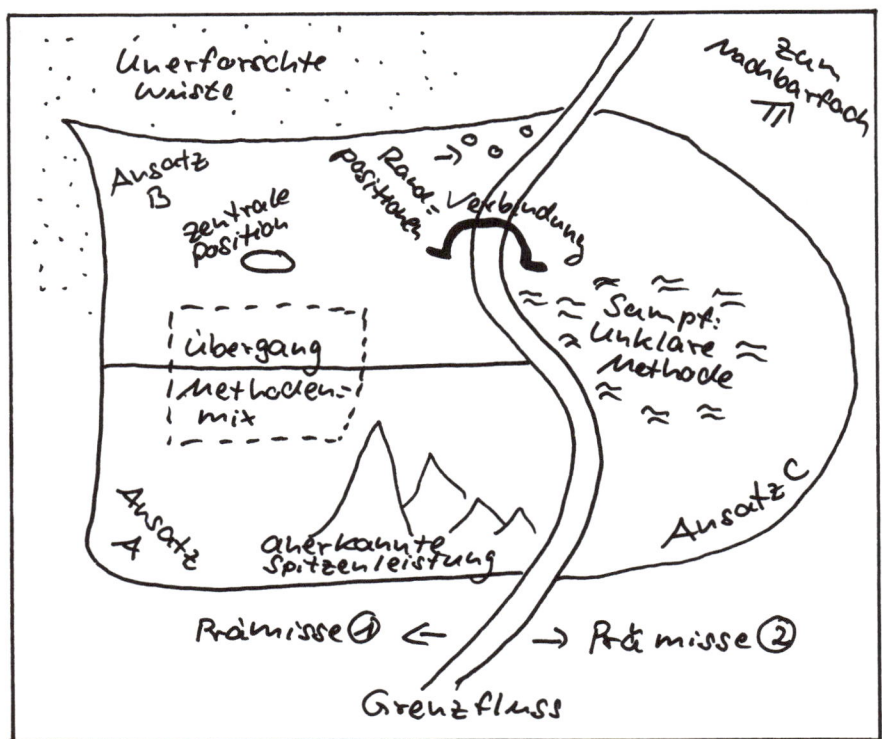

Abb. 8: Forschungslandkarte

Figurenkonstellation

Mit einer Figurenkonstellation entwerfen Sie nicht nur das Netzwerk der Forschungspositionen, sondern auch der in der Forschung tätigen Personen. Wer sind die Hauptakteure in Ihrem Forschungsfeld und in welcher Beziehung stehen diese zueinander? Gibt es Lager und Schulen? Gibt es Feindschaften? Wie beziehen sich die einzelnen Akteure oder Positionen aufeinander? Zeichnen Sie eine Skizze der Konstellation in dem Forschungsfeld, mit dem Sie sich beschäftigen.

Das Beispiel zeigt die Entwicklung der Ethnomethodologie von Garfinkel in Abgrenzung zu den Theorien, von denen Garfinkel beeinflusst ist. Auf den Pfeilen steht jeweils, was er übernommen hat und was die anderer Theorien im Vergleich zur Ethnomethodologie nicht berücksichtigen.

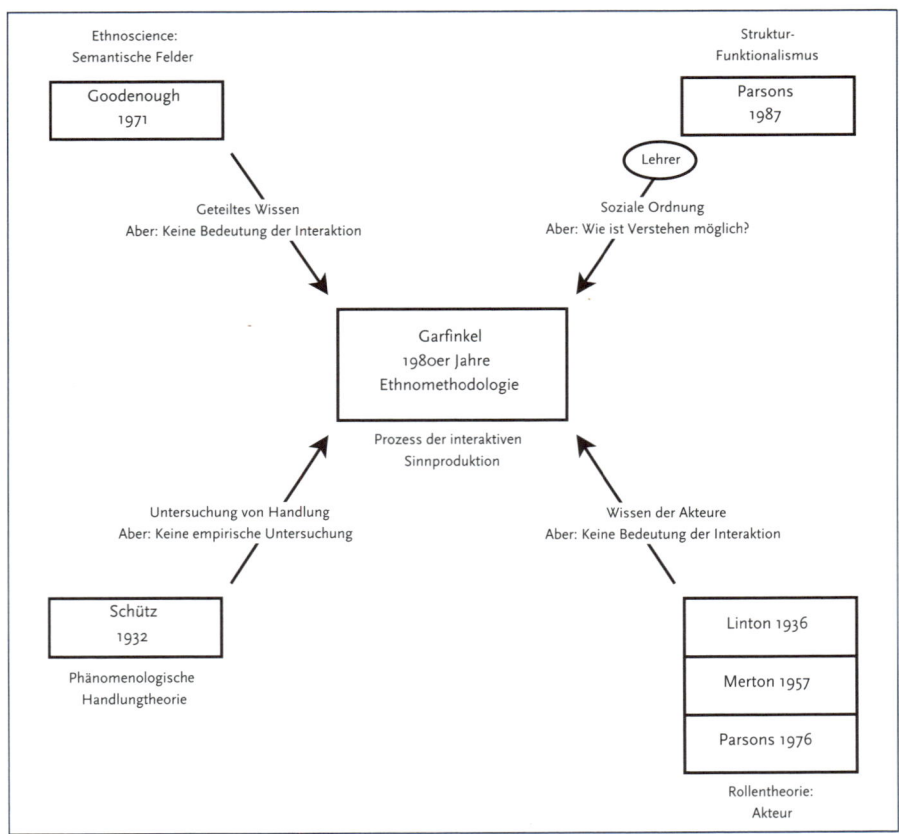

Abb. 9: Figurenkonstellation „Ethnomethodologie im Kontext" nach Frohnen (2005)

Zeitleiste
Durch eine Zeitleiste verschaffen Sie sich einen Überblick darüber, in welchen Zeiträumen und in welcher Reihenfolge Forschungsergebnisse

entstanden sind, und vermeiden, falsche Entwicklungszusammenhänge herzustellen. Tragen Sie auf einer Zeitleiste die Erscheinungsjahre der Texte auf, die Sie behandeln. Nehmen Sie dafür jeweils das Jahr der Erstpublikation. Von einigen Literaturverwaltungssystemen können Sie solch einen Überblick automatisch erstellen lassen.

Um anschließend einen Text zu schreiben, ist es sinnvoll, bewusst weitere Entscheidungen über die Präsentation der Forschungsdiskussion zu treffen:

Fragen, um einen Forschungsüberblick zu strukturieren

- Welche Positionen/Autoren und Autorinnen wollen Sie berücksichtigen, welche nicht?
  - Wollen Sie exemplarisch Hauptvertreterinnen und Hauptvertreter der verschiedenen Gruppen herausgreifen?
  - Wollen Sie sich nur auf die von allen anerkannten Positionen beschränken?
  - Wollen Sie gegensätzliche Positionen darstellen, um so den gesamten Rahmen des Forschungsfelds zu zeigen?
- Wie wollen Sie die Darstellung der Positionen in Ihrem Themengebiet gliedern?
  - Chronologisch?
  - Nach Wichtigkeit?
  - Nach Schulen/Gruppen?
  - Nach den Aspekten, die für Ihr Projekt wichtig sind?
- Welche Positionen wollen Sie nur zusammenfassend nennen und welche wollen Sie detaillierter ausführen?

An den vielen Entscheidungen, die zu treffen sind, um einen Ausschnitt aus der Forschungsdiskussion darzustellen, können Sie sehen, dass es um weit mehr geht, als Gelesenes „nur" zusammenzufassen. Allein durch Auswahl, Anordnung und Verbindung der Forschungsmeinungen wird viel von Ihrer Position zum Thema deutlich. Verstärken können Sie das noch durch die Art, wie Sie Ihre Darstellung der Forschungsdiskussion moderieren (vgl. Kap. 4.8), oder durch explizite Bewertungen von Ihrer Seite.

Tipp

Einen Forschungsüberblick für die gelesene Literatur zu erstellen und dabei eine der oben beschriebenen Visualisierungen zu nutzen, kann auch eine gute Vorbereitung auf eine Prüfung sein.

4 Das Gelesene im eigenen Text wiedergeben

Für die Wiedergabe von Gedanken aus fremden Texten im eigenen Text gelten für den wissenschaftlichen Bereich ganz bestimmte Konventionen. Dabei geht es sowohl um Fragen der Formulierung von Textzusammenfassungen als auch um die Kennzeichnung von Gedanken oder Formulierungen aus fremden Texten und damit die Vermeidung von Plagiaten.

Wenn Sie Ihre Literaturzusammenfassungen und sinngemäßen Zitate nach den Kriterien kontrollieren, die Sie in diesem Kapitel kennenlernen, können Sie sicher sein, dass Sie den Normen für den Umgang mit Literatur in einem wissenschaftlichen Text genügen: Sie sind texttreu, neutral, präzise, verständlich, selbständig formuliert und es ist an jeder Stelle deutlich, woher die Gedanken und Formulierungen stammen, die Sie in Ihrem Text verwenden. Einen Überblick finden Sie als Mindmap auf S. 57. Wenn Sie sich dieses Mindmap kopieren, gegebenenfalls durch fachspezifische Regeln ergänzen und zu Ihren Unterlagen heften, können Sie beim Schreiben immer wieder einen Blick darauf werfen und so Sicherheit erlangen.

Die Konventionen für wissenschaftliche Texte sind kulturell bedingt und können sich von Land zu Land und in bestimmten Punkten von Fach zu Fach unterscheiden, z. B. in der Art, wie auf Quellen verwiesen wird. Die Regeln, die im Allgemeinen für deutschsprachige wissenschaftliche Texte gelten, stimmen im Großen und Ganzen mit denen für internationale englischsprachige Publikationen überein. Zu Unterschieden zwischen Fächergruppen finden Sie im Weiteren nur Hinweise; Details können Sie bei Ihren Lehrenden erfahren oder in fachspezifischen Einführungen nachschlagen.

4.1 Sinngemäßes Zitat – wörtliches Zitat – Verweis

In einer wissenschaftlichen Arbeit können Sie auf unterschiedliche Weise Bezug auf einen gelesenen Text nehmen: Sie können seinen Inhalt wiedergeben (sinngemäßes/indirektes Zitat, Zusammenfassung in eigenen Worten), seinen Wortlaut zitieren (wörtliches/direktes Zitat, in Anführungszeichen oder mit einer anderen graphischen Markierung wie kursiv oder Einrückung bei längeren Zitaten) oder nur darauf verweisen, dass es in dem Text Informationen zu einem bestimmten Thema gibt (Verweis). In jedem Fall ist es notwendig, die Quelle anzugeben, die Ursprung für die Information ist (vgl. Kap. 4.9).

4.1.1 Sinngemäßes Zitat

In Hausarbeiten werden in der Regel am häufigsten sinngemäße Zitate verwendet, weil es in ihnen v. a. um die Wiedergabe der Inhalte gelesener Texte geht und weniger um die dort verwendeten Formulierungen.

Durch die Verwendung von sinngemäßen Zitaten und Textzusammenfassungen (häufig auch Paraphrase genannt) können Sie zudem in Ihrer Arbeit am besten einen Textzusammenhang herstellen und die Informationen und Positionen aus der Fachliteratur auf Ihre Fragestellung beziehen. Auch stilistisch ist die Verwendung sinngemäßer Zitate günstig: Alle Inhalte werden in Ihren Worten präsentiert und ergeben so besser einen in sich geschlossenen Text, als wenn Sie wörtliche Zitate aneinanderreihen. Das gilt besonders, wenn Sie Texte in unterschiedlichen Sprachen referieren.

Weil sinngemäße Zitate in wissenschaftlichen Texten eine so große Rolle spielen, finden Sie in den Kapiteln 4.2 bis 4.8 eine ausführliche Anleitung, wie Sie fremde Texte oder Textpassagen in eigenen Worten zusammenfassen und in Ihren eigenen Text einfügen können.

4.1.2 Wörtliches Zitat

Ein wörtliches Zitat ist die buchstabengetreue Übernahme einer Formulierung aus einem fremden Text. Das bedeutet, dass Sie streng genommen auch Fehler übernehmen und alle Veränderungen oder Auslassungen kennzeichnen müssen.

Die Form der Beispieltexte, die Sie in diesem Buch finden, wäre deshalb in einer wissenschaftlichen Arbeit nicht zulässig, weil die Auslassungen und Adaptionen nicht im Einzelnen gekennzeichnet sind. Dieses Vorgehen ist nur bei Übungstexten in Unterrichtsmaterial möglich. Der Beginn des Texts auf S. 114 müsste als wörtliches Zitat in einer wissenschaftlichen Arbeit z. B. folgendermaßen aussehen, wobei Hinzufügungen in eckigen Klammern stehen und Auslassungen durch drei Punkte gekennzeichnet sind:

„Die Fähigkeit sich an Quelleninformationen zu erinnern [– also an die Herkunft einer Information –] ist von entscheidender Bedeutung, wenn es [... darum geht], Erinnerungen von Phantasien und anderen Ereignissen unserer Einbildungskraft zu unterscheiden." (Schacter 1999, 192)

Die **Verwendung von wörtlichen Zitaten** unterscheidet sich stark von Fach zu Fach. Ganz allgemein lässt sich sagen: In Fächern, in denen es v. a. um Fakten geht, werden wesentlich weniger wörtliche Zitate verwendet, als in Fächern, in denen es v. a. um Texte geht. So sind wörtliche Zitate in naturwissenschaftlichen Arbeiten in der Regel nicht üblich; eine philologische Arbeit ohne ein einziges wörtliches Zitat aus der Forschungsliteratur wäre dagegen sehr ungewöhnlich.

In folgenden Fällen kann es sich anbieten, wörtliche Zitate aus Forschungstexten zu verwenden, wenn dies in Ihrem Fach überhaupt üblich ist:

Typische Fälle, in denen wörtlich zitiert wird

- Definitionen und Einführungen von Fachbegriffen, die für Ihr Thema zentral sind
- Kernsätze aus der Forschungsliteratur, die für Ihre eigene Argumentation besonders wichtig sind, wenn eine detailgetreue Genauigkeit notwendig ist
- Aussagen, die Sie kritisieren oder widerlegen wollen. So lassen Sie den Autor oder die Autorin für sich selbst sprechen und können Ihre Kritik konkret auf die zitierte Äußerung beziehen. Dies ist besonders wichtig, wenn auch die Formulierung der Position eine Rolle spielt.
- In manchen Fächern, v. a. der Geistes- und Kulturwissenschaften, als Einstieg in ein Kapitel oder einen Gedankengang. Das Zitat bildet dann nicht nur den Ausgangspunkt Ihrer Argumentation, sondern fokussiert auch die Aufmerksamkeit.
- In manchen Fächern besonders treffende Formulierungen auch aus stilistischen Gründen, aber nur in Maßen (zu der negativen Seite dieses Auswahlkriteriums s. u.)

Verwenden Sie wörtliche Zitate von in Ihrem Fach anerkannten Autoren und Autorinnen und zitieren Sie nicht wörtlich, wenn eine Aussage auch in einem beliebigen anderen Text zu dem Thema zu finden ist. So wäre ein wörtliches Zitat z. B. nicht angebracht, um darzustellen, dass Lesen ein aktiver Prozess ist, weil dies in der Leseforschung allgemein anerkannt ist.

Wenn die Texte, aus denen Sie zitieren, der Untersuchungsgegenstand Ihrer Arbeit sind (z. B. historische Quellen, literarische Primärtexte oder Gesprächsaufzeichnungen), haben wörtliche Zitate einen anderen Stellenwert: Sie sind die Belege für Ihre Aussagen und Ergebnisse und gelten daher als Datenmaterial. In diesem Fall sollten die Zitate auf jeden Fall analysiert oder interpretiert und so in Ihre Argumentation eingebunden werden. Formulieren Sie explizit, weshalb Sie eine Passage zitieren und was Sie mit ihr zeigen wollen. So gehen Sie auch sicher, dass die ausgewählten Zitate zum roten Faden Ihres Textes passen.

Es gibt zwei weitere verständliche Gründe, weshalb Studierende wörtliche Zitate verwenden: die Sorge, eine Textstelle nicht richtig verstanden zu haben, und ein häufig diffuses Gefühl, den Inhalt ja doch nicht so gut ausdrücken zu können, wie er im Ausgangstext formuliert ist. Wenn Sie diese Gedanken kennen, können Sie sich bewusst machen, dass es beim Schreiben einer Hausarbeit gerade um Ihr Verständnis der gelesenen Texte geht. Viele Lehrende kennen zudem die Fachliteratur, die Sie verwenden, selbst und interessieren sich deshalb nicht für wörtliche Zitate, sondern dafür, wie Sie mit dem Gelesenen umgehen.

> **Tipp**
>
> Verwenden Sie ein wörtliches Zitat nur, wenn Sie genau wissen, welche Funktion es in Ihrem Text hat und warum Sie es verwenden wollen.

Ein Text mit sehr vielen wörtlichen Zitaten kann wie eine Collage wirken und den Eindruck hervorrufen, Sie würden nicht selbständig arbeiten oder wollten sich hinter den Formulierungen anderer verstecken. Diesem Eindruck können Sie entgegenwirken, indem Sie sinngemäße Zitate verwenden und wörtliche Zitate nicht unverbunden nebeneinander stellen. Ein Beispiel, wie aus einer Zitatsammlung ein zusammenhängender Text entstehen kann, finden Sie in Kap. 5.2.1. Verbinden Sie die Zitate durch Einleitungen mit Ihrem eigenen Text. Grundsätzlich stehen Ihnen hierfür zwei Formen zur Verfügung. Sie können das wörtliche Zitat wie einen eigenen Satz behandeln. **Beispiel:** *Die einflussreichste Definition von Resilienz stammt von X: „....".* Oder Sie bauen das wörtliche Zitat in Ihren Satz ein. **Beispiel:** *X definiert Resilienz als „..." und hebt dabei besonders die „..." hervor.* Während die zweite Form häufig flüssiger wirkt, kann sie bei der Verwendung fremdsprachiger Zitate zu fehlerhaften Satzkonstruktionen führen.

4.1.3 Verweis

Neben Zitaten, die sich auf bestimmte Textstellen beziehen, gibt es auch die Möglichkeit, auf gelesene Literatur nur zu verweisen. Verweise sind vor allem für Forschungsarbeiten typisch. **Beispiel:** *Viele Ratgeber zum wissenschaftlichen Schreiben beinhalten ein mehr oder weniger ausführliches Kapitel zum Umgang mit wissenschaftlicher Literatur (vgl. z. B. Kruse 2007, Esselborn-Krumbiegel 2008, Frank/Haake/Lahm 2007, Wofsberger 2010).* Bei dieser Angabe geht es nicht darum, was in den Ratgebern im Detail über den Umgang mit wissenschaftlicher Literatur steht, sondern nur um die Tatsache, dass das Thema angesprochen wird.

Verweise dieser Art können in Ihrem Text verschiedene **Funktionen** erfüllen, z. B.

- Hinweis auf Wissen, das Sie voraussetzen, weil es in der wissenschaftlichen Diskussion allgemein akzeptiert ist, oder auf das Sie an anderer Stelle detailliert zurückkommen wollen
- Forschungsüberblick als grobe Skizze, der nur angibt, wer sich womit beschäftigt
- Hinweis auf Randthemen, um den Lesern die Möglichkeit zu geben, nachzulesen, worum es hier geht

Typisch für Studien- und Qualifikationsarbeiten sind zwei weitere Funktionen der Verweise, die sich daraus ergeben, dass diese Texte Prüfungsarbeiten sind:

- Wissensdemonstration: Sie können zeigen, was Sie alles gelesen haben und wissen.
- Absicherung: Sie können zeigen, dass Sie wissen, wo ein bestimmtes Thema diskutiert wird, selbst wenn Sie dies in Ihrem Text nicht darstellen.

Verwenden Sie Verweise mit diesen Funktionen nur in Maßen, damit sie nicht von Ihrem roten Faden ablenken.

Übung Lektürejournal

Achten Sie beim Lesen von Fachliteratur darauf, zu welchem Zweck die verschiedenen Formen von Zitaten und Verweisen eingesetzt werden, und machen Sie sich hierzu Notizen. So bekommen Sie ein Gespür dafür, wie in Ihrem Fach Bezug auf Literatur genommen wird.

4.2 Reduzieren statt komprimieren

Wenn Sie in einer Hausarbeit Fachliteratur in Form von sinngemäßen Zitaten wiedergeben, fassen Sie diese in der Regel zusammen. Dafür ist es nötig, den Inhalt eines Texts zu reduzieren und ihn nicht bloß sprachlich zu komprimieren, indem Sie ihn knapper ausdrücken. Sie wählen also bestimmte Informationen aus und lassen andere weg.

Wie wichtig die Auswahl von Informationen ist – und wie schwierig sie manchmal sein kann – zeigt die folgende Geschichte: Auf einer mehrsprachigen Tagung hatte der Moderator die Aufgabe, nach jedem Vortrag knapp den Inhalt in der jeweils anderen Sprache zusammenzufassen. Abends wurde er gefragt, wie er es geschafft habe, selbst weitschweifige Vorträge spontan auf den Punkt zu bringen. Er antwortete etwas verlegen: „Ich habe einige Aspekte ausgewählt, die ich besonders interessant für das Publikum fand, und den Rest einfach weggelassen." Indem er so vorging, hat er allen Beteiligten – den Vortragenden und dem Publikum – einen besseren Dienst erwiesen, als wenn er versucht hätte, akribisch alle Themen aufzuzählen, die in den Vorträgen angesprochen wurden. Er hat also den Inhalt der Vorträge reduziert, statt ihn zu komprimieren.

Um den Inhalt eines Texts für die Zusammenfassung zu reduzieren, ist es wichtig, ein Kriterium für die Auswahl der Informationen festzulegen und sich die Funktion der Zusammenfassung im eigenen Text bewusst zu machen. In der Geschichte oben war das Kriterium, was der Moderator als besonders interessant für das Publikum einschätzt. Wenn Sie eine Hausarbeit schreiben, ist das wichtigste Kriterium Ihr Thema oder Ihre Fragestellung. Weitere Tipps für die Auswahl von Informationen finden Sie in Kapitel 2.5. Zusätzlich können Sie folgendermaßen vorgehen:

Gedankliche Operationen, um einen Text zu reduzieren

- Wenn für Ihr Thema nur die Theorie wichtig ist, können Sie Anwendungsbeispiele weglassen.
- Wenn für ein Phänomen eine Reihe von Beispielen aufgeführt wird, können Sie eines davon auswählen oder die Beispiele auf einen gemeinsamen Nenner bringen.
  Beispiel: *Müller (2007) macht dies unter anderem an folgendem Beispiel deutlich: ... oder: Um die Methoden der systemischen Beratung vorzustellen, wählt Wiethoff Beispiele aus der Schreibberatung.*
- Sie können einen Oberbegriff zu den Details im Text verwenden.
  Beispiel: *Mayer belegt dies mit den Ergebnissen von sieben empirischen Studien.*
- Sie können möglicherweise Erklärungen, Ausführungen, Beispiele, Fallgeschichten, Herleitungen, Denkwege oder auch Argumentationen und Begründungen weglassen und nur die Ergebnisse, Aussagen oder Thesen darstellen. Um trotzdem wiederzugeben, dass im Text differenziert argumentiert wird, können Sie das Weggelassene auf abstrakter Ebene formulieren.
  Beispiel: *Nach sorgfältiger Abwägung der Vor- und Nachteile des Verfahrens kommt Müller zu dem Schluss, dass ...*

Wenn Sie üben, Texte unterschiedlich stark zu reduzieren, bekommen Sie ein besseres Gespür für das Zusammenfassen.

Übung

Nehmen Sie einen Ausschnitt aus einem Text Ihres Faches oder einen Beispieltext aus diesem Buch und schreiben Sie Zusammenfassungen, deren Umfang 10, 25 oder 50 % des Ausgangstexts beträgt (oder 1 Satz, 1 Absatz, 1 Seite). Die Reihenfolge der Zusammenfassungen können Sie variieren. Legen Sie zuvor den Aspekt fest, unter dem Sie den Text zusammenfassen wollen, und wenden Sie die Operationen zur Reduktion des Inhalts aus der Liste oben an.

Wenn Sie den gelesenen Text Schritt für Schritt immer weiter reduzieren, üben Sie, Informationen wegzulassen, und werden feststellen, dass die Grundaussage dennoch erhalten bleibt. Wenn Sie umgekehrt vorgehen, erfassen Sie zuerst die Kernaussage in der kürzesten Zusammenfassung und können dann auswählen, welche weiteren Details gut zu Ihrem Thema passen.

4.3 Neutralität und Fairness der Textwiedergabe

Hinter der Forderung, den Inhalt eines gelesenen Texts neutral, also z. B. ohne implizite Wertungen, Verzerrungen oder ironische Formulierungen darzustellen, stehen zwei prinzipielle Überlegungen: Fairness gegenüber dem Gelesenen und die Trennung der Arbeitsschritte des Wiedergebens und des Kommentierens fremder Gedanken.

Fairness ist eines der Ideale wissenschaftlicher Kommunikation: Jede Forschungsmeinung hat demnach ein Anrecht darauf, neutral dargestellt, unvoreingenommen geprüft und erst dann kritisch hinterfragt und möglicherweise widerlegt zu werden. Auch hier spielt die Trennung von „believing game" und „doubting game" (vgl. Kap. 1.2) also eine Rolle. Durch dieses Vorgehen wird gewährleistet, dass auch eine kritische Auseinandersetzung sachlich und für alle nachvollziehbar bleibt.

Die Regeln, die einer neutralen Zusammenfassung zugrunde liegen, gelten auch in vielen Alltagssituationen. Oder wie würden Sie regieren, wenn Ihr Freund oder Ihre Freundin ein Erlebnis, das Sie erzählt haben, mit sarkastischen Kommentaren, Verfälschungen oder eigenen Ausschmückungen im Freundeskreis weitererzählen würde?

Prinzipien für die neutrale Zusammenfassung

- Achten Sie darauf, dass die Informationen, die Sie auswählen, nicht der Grundaussage des gelesenen Texts widersprechen.
  Beispiel: Wenn Sie aus einem argumentativen Text, der zum Schluss kommt, dass die Nutzung von Atomkraft zur Verhinderung einer Klimakatastrophe notwendig ist, nur Argumente gegen Atomkraft zitieren, wäre das eine unfaire Verfälschung.
- Reißen Sie einzelne Informationen nicht aus dem Zusammenhang und verwenden Sie sie nicht für andere Zwecke.
- Vermeiden Sie implizite und unbegründete Bewertungen der dargestellten Inhalte durch Ironie, Übertreibung oder Sarkasmus.

Auch in der Wissenschaft gibt es polemische Texte, sie bilden aber eine Ausnahme. Polemik sagt häufig mehr über ihren Autor oder ihre Autorin aus als über ihr Objekt; überlegen Sie also, bevor Sie diese Darstellungsweise verwenden, ob es angemessen und nützlich für Sie ist, sich so zu präsentieren.

Lesen Sie den folgenden Text und die anschließende Zusammenfassung. Unterstreichen Sie in der Zusammenfassung alle Elemente, die gegen das Prinzip der Neutralität und Fairness verstoßen. Korrigieren Sie die Zusammenfassung dann so, dass sie neutral und fair ist.

Text

Die Technik des Zusammenfassens wird in der Schule geübt. Trotzdem tun sich viele Studierende damit schwer. Statt beim Lesen auf die Kernaussage des Textes zu achten, lesen sie sich fest, exzerpieren mehr oder weniger wahllos und beschränken sich beim Schreiben nicht auf das Wesentliche. Das Ergebnis ist oft nicht viel mehr als eine Zitatensammlung.

Ein Grund für dieses Verhalten ist die Versuchung, Teile des zusammenzufassenden Textes lieber wörtlich als in eigenen Worten wiederzugeben. Das erscheint auf den ersten Blick einfacher, und der Schreiber entgeht der Gefahr, ungenau zu sein. Solange er Wesentliches zitiert, zum Beispiel Kernsätze oder Definitionen, mag das in Ordnung sein. Wird dagegen in erster Linie deshalb zitiert, weil bestimmte Aussagen oder Zusammenhänge nicht verstanden wurden, oder weil für die Wiedergabe die Worte fehlen, zeigt das meistens: Die Aufgabe des Textzusammenfassens wurde verfehlt.

Ein zweiter Grund für diese Schwierigkeit: In wissenschaftlichen Arbeiten sind Zusammenfassungen meist in weitergehende Aufgaben eingebettet. Es geht zum Beispiel darum, eine Fragestellung zu entwickeln und dabei an Literatur anzuknüpfen oder eigene Ergebnisse durch Untersuchungen anderer Autoren zu stützen. Oft muss der Autor dazu nur Details herausgreifen und diese aus dem ursprünglichen Zusammenhang herauslösen. Mit welchen Schwierigkeiten hat der Autor hier zu tun? Die zu verwendende Literatur wurde oft schon lange vor dem Schreiben gelesen und dabei wurde exzerpiert oder kopiert, was der Autor für wichtig hielt. Doch je weiter dies zeitlich zurückliegt, umso schwieriger ist es, beim Planen und Schreiben des eigenen Textes gerade die Details wieder zu finden, auf die es in der eigenen Arbeit ankommt. Vielfach ist dann erneutes Lesen oder Durchblättern erforderlich. Anfänger verlassen sich hier gern auf ihre Exzerpte und übersehen dabei oft, dass diese aus einer Zeit stammen, in der sie noch nicht wussten, was für den eigenen Text wichtig sein würde.

Die Schwierigkeiten, mit denen die Schreiberinnen und Schreiber zu kämpfen haben, lassen sich auf einen gemeinsamen Nenner bringen: Sie leiden unter einem zu großen Respekt vor dem Wortlaut des fremden Textes und unter einem

zu geringen Vertrauen in die eigenen Fähigkeiten, fremde Texte zu rezipieren und zu verstehen.
(nach Keseling 2003, 210 f., gekürzt und adaptiert)

Zusammenfassung:

Keseling schreibt, dass Respekt vor fremden Texten schädlich ist. Die falsche Unterwürfigkeit der Studierenden sei der Grund, warum sie häufig Schwierigkeiten haben, mit wissenschaftlichen Texten zu arbeiten und Zusammenfassungen zu schreiben: Sie schreiben zu viele wörtliche Zitate ab und vergessen die Details auszuwählen, die für ihren eigenen Text wichtig sind. Keseling ruft also endlich dazu auf, freier mit wissenschaftlichen Texten umzugehen und sich nicht bevormunden zu lassen.

Lösungsvorschlag

In dieser Zusammenfassung werden die Aussagen von Keseling in einen kämpferischen Kontext gestellt, der im Ausgangstext nicht vorkommt. Der Ausgangspunkt hierfür ist die Verkürzung und Interpretation, dass *Respekt vor fremden Texten schädlich ist*, die als Aussage von Keseling ausgegeben wird. Eine neutrale Version der Zusammenfassung, bei der die kämpferischen Schlussfolgerungen von der Textzusammenfassung getrennt sind, könnte folgendermaßen aussehen:

Keseling schreibt, dass zu viel Respekt vor der konkreten Formulierung eines fremden Texts hinderlich für die Textzusammenfassung sein kann. Dies sei der Grund, warum Studierende häufig Schwierigkeiten haben, mit wissenschaftlichen Texten zu arbeiten und sie zusammenzufassen: Sie schreiben zu viele wörtliche Zitate ab und vergessen die Details auszuwählen, die für ihren eigenen Text wichtig sind. Wenn man Keselings Darstellung radikal weiterdenkt, kann man den Appell an die Studierenden ableiten, freier mit wissenschaftlichen Texten umzugehen und sich nicht bevormunden zu lassen.

Das zweite Argument für eine neutrale Textzusammenfassung ist, dass es sehr sinnvoll sein kann, im Schreib- und Arbeitsprozess zeitlich zwischen der Textzusammenfassung und der Formulierung der kritischen Auseinandersetzung zu trennen – ähnlich wie zwischen dem Verstehen und der kritischen Überprüfung. Beide Arbeitsschritte sind anspruchsvoll und verdienen Ihre volle Aufmerksamkeit. Das Zurückhalten von wertenden Einschüben beim Zusammenfassen kann zudem die Motivation erhöhen, sich in einem Kommentar explizit mit den zusammengefassten Positionen auseinanderzusetzen. Notieren Sie sich die Gedanken, die Sie zu den polemischen Einschüben bewegen, in Ihrem Lektürejournal oder auf ein Extrablatt und verwenden Sie sie später, wenn Sie Argumente für einen kritischen Kommentar zum Text suchen.

Tipp

Wenden Sie das in wissenschaftlichen Texten übliche Muster an, um Kritik an einem fremden Gedankengang zu üben: neutrale Darstellung – Analyse und Bewertung – Begründung der Bewertung.

4.4 Der Text und nur der Text: nichts hinzufügen, nicht interpretieren

Eine weitere Grundregel für Zusammenfassungen in wissenschaftlichen Texten ist, dass sie inhaltlich nichts enthalten dürfen, was nicht im Ausgangstext steht. Prüfen Sie deshalb immer genau, ob alles, was Sie in der Zusammenfassung geschrieben haben, auch im Text steht. Streichen Sie, was Sie möglicherweise hinzugefügt haben, oder kennzeichnen Sie eigene Gedanken als Kommentar (vgl. Kap. 4.8.4). Vermeiden Sie auch offensichtliche Interpretationen des gelesenen Texts in der Zusammenfassung, bei denen Sie den Textinhalt mit den eigenen Ideen vermischen.

Übung

Lesen Sie die folgende Zusammenfassung des Texts auf S. 107 f. Streichen Sie alle Elemente, die nicht in die Zusammenfassung gehören, und korrigieren Sie die Zusammenfassung entsprechend.

Leider fällt es vielen Studierenden nicht leicht, Texte zusammenzufassen, obwohl das schon in der Schule geübt wurde. Wahrscheinlich wird an den Schulen nicht das Richtige gemacht. Für die Schwierigkeiten gibt es zwei Gründe: Studierende verwenden zu viele wörtliche Zitate, weil sie glauben, dass das genauer ist. Besonders schwierig ist es bei Texten in einer Fremdsprache: Dann erfüllen die Studierenden die Aufgabe nicht, wenn sie wörtliche Zitate verwenden, weil sie den Text nicht gut verstanden haben oder weil sie zu wenig Wörter kennen, um ihn in eigenen Worten wiederzugeben. Der zweite Grund ist, dass die Aufgabe, einen Text zusammenzufassen, nicht für sich alleine steht, sondern in den ganzen Schreibprozess eingebunden ist, in dem es noch andere Aufgaben gibt.

So kann es vorkommen, dass Studierende einen Text lesen und erst später die eigene Fragestellung festlegen. Wenn sie dann nur mit den eigenen Exzerpten arbeiten, kann es sein, dass sie die Details nicht finden, die sie brauchen.

Lösungsvorschlag

Vielen Studierenden fällt es nicht leicht, Texte zusammenzufassen, obwohl das schon in der Schule geübt wurde. Für die Schwierigkeiten gibt es zwei Gründe: Studierende verwenden zu viele wörtliche Zitate, weil sie glauben, dass das genauer ist. Sie erfüllen die Aufgabe nicht, wenn sie wörtliche Zitate verwenden, weil sie den Text nicht gut verstanden haben oder weil ihnen keine eigenen Formulierungen einfallen. Der zweite Grund ist, dass die Aufgabe, einen Text zusammenzufassen, mit anderen Aufgaben verbunden ist. So kann es vorkommen, dass Studierende einen Text lesen und erst später die eigene Fragestellung festlegen. Wenn sie dann nur mit den eigenen Exzerpten arbeiten, kann es sein, dass sie die Details nicht finden, die sie brauchen.

Dem gelesenen Text nichts hinzuzufügen, ist an sich nicht schwierig, benötigt aber etwas Konzentration und Disziplin. Dies fällt leichter, wenn Sie sich eigene weiterführende Gedanken getrennt von der Zusammenfassung aufschreiben.

4.5 Präzision: Modus und Reichweite von Aussagen, Fachterminologie

Bei der Wiedergabe wissenschaftlicher Texte können schon sehr kleine sprachliche Veränderungen bewirken, dass die Textwiedergabe ungenau und unzuverlässig wird. Dabei geht es nicht um offensichtliche Veränderungen des Inhalts, sondern eher des Modus, in dem Aussagen getroffen werden. In der Regel reicht es aus, wenn Sie sich dies einmal bewusst machen, um in Zukunft bei Textzusammenfassungen besser darauf achten zu können.

Vermeiden Sie folgende Veränderungen:

- Aus der Beschreibung eines Sachverhalts wird eine Empfehlung (oder umgekehrt).
- Aus einer Vermutung wird ein Faktum (oder umgekehrt).
- Aus einem Beispiel wird eine allgemeine Aussage.
- Aus einem Modell oder einer Theorie wird eine Beschreibung der Realität.
- Die Reichweite einer Aussage wird verändert indem z. B. einer nur auf eine bestimmte Gruppe begrenzten Aussage eine weiter reichende Gültigkeit zugeordnet wird.

Veränderungen dieser Art mögen in der Alltagssprache keine allzu große Rolle spielen, für einen wissenschaftlichen Text sind sie jedoch von großer Bedeutung, weil hier z. B. Beschreibungen von Empfehlungen streng getrennt werden und der genaue Geltungsrahmen entscheidend für die Gültigkeit einer Aussage ist. Wenn Sie aus den Beobachtungen, die in einem Text dargestellt werden, Empfehlungen ableiten oder Verallgemeinerungen treffen, ist dies Ihre eigene Leistung, die Sie besser zur Geltung bringen können, indem Sie sie von der Textzusammenfassung trennen.

Übung

Lesen Sie die folgende Zusammenfassung des Texts auf S. 107 f. Unterstreichen Sie alle Formulierungen, die nicht präzise den Inhalt des Texts wiedergeben, und korrigieren Sie die Zusammenfassung entsprechend.

Keseling stellt fest, dass es den Studenten schwer fällt, Zusammenfassungen von Texten zu schreiben, obwohl sie es als Schüler schon geübt haben. Sie exzerpieren sehr viel und achten nicht auf die Kernaussagen. Stattdessen sollten sie auf das Wesentliche achten. Keseling sieht als einen Grund, dass sie es leichter und sicherer finden, wörtliche Zitate abzuschreiben. Er rät, nur wichtige Sätze und Definitionen zu zitieren und nicht wörtlich zu zitieren, wenn sie eine Aussage nicht verstanden haben. Der zweite Grund ist, dass die Studenten erst die Literatur lesen und dann erst eine eigene Fragestellung finden und den Text der Hausarbeit schreiben. Dann müssen sie unbedingt neben ihren Exzerpten auch die Texte noch einmal ansehen, weil sie sonst Wichtiges vergessen. Das Gemeinsame aller Probleme ist, dass die Studenten nicht daran glauben, dass sie Texte lesen und verstehen können.

Lösungsvorschlag

In der Zusammenfassung werden Keselings Aussagen auf alle Studierenden bezogen *(den Studenten)*, obwohl er von *vielen* spricht und auch an anderen Stellen die Gültigkeit seiner Aussagen einschränkt. Aus Keselings Beschreibung werden zudem Empfehlungen gemacht. Eine genauere Zusammenfassung, bei der die Empfehlungen als Beitrag der zusammenfassenden Autorin gekennzeichnet sind, könnte so aussehen:

> *Keseling stellt fest, dass es vielen Studenten schwer fällt, Zusammenfassungen von Texten zu schreiben, obwohl sie es als Schüler schon geübt haben. Sie exzerpieren sehr viel und achten nicht auf die Kernaussagen. Keseling sieht als einen Grund, dass sie es leichter und sicherer finden, wörtliche Zitate abzuschreiben. Das ist nicht schlimm, wenn es wichtige Sätze und Definitionen sind; problematisch ist es aber, Aussagen wörtlich zu zitieren, die sie nicht verstanden haben. Der zweite Grund ist, dass die Studenten zuerst die Literatur lesen und erst danach eine eigene Fragestellung finden und den Text der Hausarbeit schreiben. Häufig sehen dann v. a. Anfänger neben ihren Exzerpten auch die Texte noch einmal an. Das Gemeinsame aller Probleme ist, dass die Studenten zu wenig daran glauben, dass sie Texte lesen und verstehen können. Aus Keselings Darstellung des Problems lassen sich folgende Empfehlungen für Studierende ableiten: Achten Sie beim Lesen auf das Wesentliche. Schreiben Sie nur wichtige Zitate ab. Zitieren Sie nichts wörtlich, was Sie nicht verstanden haben. Formulieren Sie Ihre Fragestellung am besten vor dem Lesen.*

Ebenso wichtig ist es, bei einer Textzusammenfassung zentrale **Fachbegriffe** beizubehalten und nicht durch Wörter mit ähnlicher Bedeutung zu ersetzen. Bei Fachbegriffen ist es nicht sinnvoll, nach einer eigenen Formulierung zu suchen, da sonst die Genauigkeit verloren geht. So lässt sich z. B. in der Zusammenfassung eines psychologischen Fachtexts das Wort *Emotion* nicht durch *Gefühl* oder *Affekt* ersetzen, weil die Wörter als psychologische Fachbegriffe unterschiedliche Bedeutungen besitzen. Bei der Zusammenfassung eines literaturwissenschaftlichen Texts kann diese Wortersetzung durchaus sinnvoll sein, weil es sich nicht um Fachbegriffe der Disziplin handelt.

4.6 Unterschiede zwischen verschiedenen richtigen Zusammenfassungen

Für das Schreiben von Zusammenfassungen gibt es zwar Regeln, es gibt aber nie nur eine richtige Lösung. Das sehen Sie an den verschiedenen Lösungsvorschlägen in den vorhergehenden Kapiteln oder den Zusammenfassungen in Kapitel 2.5.2. Sie unterscheiden sich in den Formulierungen, der Auswahl von Informationen aus dem Ausgangstext und der Reihenfolge, in der diese präsentiert werden. Die konkrete Gestalt einer Textzusammenfassung ist immer von dem Ziel abhängig, das Sie verfolgen.

Bei einer für sich stehenden Zusammenfassung gibt es nur selten eine Notwendigkeit, die im Originaltext verwendete **Reihenfolge der Informationen** oder Argumente zu ändern. Wenn Sie aber einen eigenen Text, z. B. eine Hausarbeit, schreiben, werden Sie häufig die Informationen aus den gelesenen Texten in Ihre eigene Argumentation einarbeiten. Dann kann es möglicherweise sinnvoll sein, zuerst die Schlussfolgerung aus einem Text zu referieren und danach eines der Beispiele, aus denen sie hergeleitet wird. Sie dürfen die Reihenfolge eines zusammengefassten Texts der Struktur Ihres eigenen Texts anpassen, solange Sie den Inhalt des Originaltexts hierdurch nicht verfälschen und immer vollständig auf die Herkunft der einzelnen Gedanken verweisen. Damit dies gelingt, kann es nützlich sein, zuerst eine zusammenhängende Zusammenfassung zu schreiben und erst dann den eigenen Text.

4.7 In eigenen Worten formulieren und Formulierungsplagiate vermeiden

Ein wichtiges Kriterium für die Zusammenfassung von Texten in wissenschaftlichen Arbeiten ist die Formulierung in eigenen Worten und damit die Vermeidung von Formulierungsplagiaten. Ein Formulierungsplagiat ist die wortwörtliche Übernahme aus einem gelesenen Text, die nicht als wörtliches Zitat gekennzeichnet ist. Es geht dabei nicht um rechtliche Verstöße im Sinne des Urhebergesetzes, sondern um eine Regel der sogenannten „guten wissenschaftlichen Praxis". Nach diesen Regeln muss die Verwendung von fremdem geistigem Eigentum (Gedanken, Daten, Forschungsergebnisse, Formulierungen) im eigenen Text konsequent gekennzeichnet und seine Herkunft durch eine Literaturangabe nachgewiesen werden (vgl. Kap. 4.9).

Für Prüfungsarbeiten gilt das in ganz besonderem Maße: Hier kann es als Betrugsversuch eingestuft werden, wenn Sie gegen diese Regel verstoßen. Die Folgen können von der Note „nicht bestanden" über die Exmatrikulation bis zur Aberkennung eines akademischen Titels reichen. Entsprechend verlangen die meisten Universitäten bei der Abgabe von Prüfungsarbeiten eine schriftliche Erklärung der Studierenden dazu, dass alle in der Arbeit verwendeten Quellen gekennzeichnet wurden. Dies und der Einsatz von Software, die studentische Arbeiten auf Plagiate überprüft, kann auch Studierende, die keinerlei Betrugsabsicht haben, unsicher machen, ob sie mit Übernahmen aus der Literatur immer richtig umgehen. Die wichtigsten Informationen dazu, was Plagiate sind und wie Sie diese vermeiden können, finden Sie in den folgenden Kapiteln. Die Gesamtheit der Arbeitstechniken, die Sie in diesem Buch kennenlernen, unterstützt Sie dabei, souverän und korrekt mit Fachliteratur umzugehen.

4.7.1 Wörtliches Zitat – Formulierungsplagiat – eigene Formulierung

Gerade wenn Sie schwierige Texte lesen und den Inhalt einzelner Passagen möglichst vollständig in Ihren Text übernehmen wollen, gibt es manchmal Unsicherheiten, wo die Grenze zwischen wörtlichem Zitat und eigener Formulierung zu ziehen ist. Eine klare Definition gibt es nicht, auch wenn einzelne Lehrende Leitlinien ausgeben, wie: Wenn mehr als drei (oder fünf) Wörter hintereinander aus einem gelesenen Text übernommen werden, muss dies als wörtliches Zitat gekennzeichnet werden. Auch Plagiatssoftware sucht nach solchen Übereinstimmungen.

Die unterschiedlichen Zusammenfassungen des folgenden Ausgangstexts zeigen Ihnen, wann ein Formulierungsplagiat vorliegt und wann nicht.

Ausgangstext
Die Fähigkeit, sich an Quelleninformationen – also an die Herkunft einer Information – zu erinnern, ist von entscheidender Bedeutung, wenn es darum geht, Erinnerungen von Phantasien und anderen Erzeugnissen unserer Einbildungskraft zu unterscheiden. Erinnerungen an äußere Ereignisse enthalten in der Regel Wahrnehmungseinzelheiten aus dem Kontext oder dem Umfeld eines Ereignisses, während Erinnerungen an innere Ereignisse (zum Beispiel Gedanken und Phantasien) meist wenig Kontextinformationen aufweisen. Wenn wir uns an nichts Spezifisches aus Kontext oder Umfeld erinnern können, verlieren wir eine wichtige Grundlage der Entscheidung, ob ein „reales" Ereignis tatsächlich stattgefunden hat. Infolgedessen sind wir anfällig für Gedächtnistäuschungen. Wenn umgekehrt ein eingebildetes oder phantasiertes Ereignis eine Fülle von Kontextdetails enthält, werden wir zu der Annahme neigen, dass es sich um die reale Erinnerung eines tatsächlichen Ereignisses handelt.
(nach Schacter 1999, 192, gekürzt und adaptiert)

Die folgende erste Zusammenfassung bleibt zu nah am Text und ist damit ein Plagiat. Bei den unterstrichenen Textstellen ist es nicht immer möglich zu entscheiden, wo die wörtliche Wiedergabe endet und die Formulierung in eigenen Worten beginnt. Dies liegt daran, dass dieser Text weder eine Zusammenfassung in eigenen Worten noch ein wörtliches Zitat ist, sondern eine Mischform. Mischformen dieser Art sind in einem wissenschaftlichen Text nicht zulässig.

Unzulässige Zusammenfassung, die ein Plagiat ist

Schacter geht davon aus, dass es notwendig ist, sich Quelleninformationen zu merken, um zu entscheiden, was Erinnerungen sind und was <u>Phantasien oder andere Erzeugnisse der Einbildungskraft</u> sind. Der Unterschied ist, dass Erinnerungen an echte Ereignisse viele Einzelheiten <u>aus dem Kontext des Ereignisses beinhalten</u>, Erinnerungen an innere Ereignisse aber nicht. Wenn bei einer Erinnerung an ein reales Ereignis nur wenige Fakten aus dem Kontext vorhanden sind, <u>sind wir anfälliger für Gedächtnistäuschungen</u>. Umgekehrt können wir glauben, dass ein vorgestelltes Ereignis real war, wenn die Erinnerung <u>eine Menge von Kontextdetails enthält</u>.

Durch leichte Umformulierungen und die konsequente Kennzeichnung aller wörtlichen Übernahmen kann diese Zusammenfassung der wissenschaftlichen Norm angepasst werden. Auch wenn nun kein Plagiat mehr vorliegt, lässt sich kritisieren, dass die Zusammenfassung sehr viele wörtliche Teilzitate enthält, die keine erkennbare Funktion haben. Viele Lehrende akzeptieren diese Form von Zusammenfassungen deshalb nicht.

Zusammenfassung mit Kennzeichnung aller wörtlichen Übernahmen, aber zu wenig eingeständigen Formulierungen

Schacter geht davon aus, dass es notwendig ist, sich Quelleninformationen zu merken, um „Erinnerungen von Phantasien und anderen Erzeugnissen unserer Einbildungskraft zu unterscheiden". Der Unterschied ist, dass Erinnerungen an echte Ereignisse viele Einzelheiten „aus dem Kontext des Ereignisses" beinhalten, Erinnerungen an innere Ereignisse aber nicht. Wenn bei einer Erinnerung an ein reales Ereignis nur wenige Fakten aus dem Kontext vorhanden sind, „sind wir anfälliger für Gedächtnistäuschungen". Umgekehrt können wir glauben, dass ein vorgestelltes Ereignis real war, wenn die Erinnerung „eine Fülle von Kontextdetails enthält".

Eigenständige Zusammenfassung in eigenen Worten

Schacter geht davon aus, dass es notwendig ist, sich Quelleninformationen zu merken, um zu entscheiden, ob etwas eine Erinnerung an ein reales Ereignis oder z. B. an eine Phantasie ist. Die Unterschiede zwischen diesen beiden Ereignistypen stellt er folgendermaßen dar: Bei der Erinnerung an ein äußeres Ereignis liegen meist viele Informationen über das Umfeld des Ereignisses vor. Wenn sie fehlen, kann es zu Gedächtnistäuschungen kommen. Bei einem inneren Ereignis gibt es umgekehrt nur wenige Details. Sonst besteht die Gefahr, dass es für eine Erinnerung an ein reales Ereignis gehalten wird.

Tipp

Entscheiden Sie sich immer, ob Sie eine Textpassage als wörtliches Zitat oder in eigenen Worten wiedergeben, und verwenden Sie keine Mischformen. So vermeiden Sie versehentliche Formulierungsplagiate.

4.7.2 Strategien zum Formulieren in eigenen Worten

Auch wenn Ihnen klar ist, wie eine Formulierung von Gelesenem in eigenen Worten aussehen soll, kann es dennoch vorkommen, dass es Ihnen nicht leicht fällt, solch eine Zusammenfassung zu schreiben. Hierfür gibt es mehr oder weniger produktive Strategien, die auf zwei unterschiedliche Grundvorstellungen zurückgehen.

So können Sie sich vorstellen, dass Sie beim Zusammenfassen den fremden Text direkt – möglicherweise rein mechanisch – in einen eigenen Text überführen und also im Grunde lediglich umformulieren. Die Folge ist, dass Sie beim Schreiben stark auf die Formulierungen im Ausgangstext fixiert bleiben. Schematisch lässt sich dieses Vorgehen so darstellen:

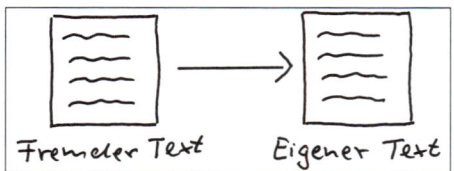

Abb. 10: Eine Zusammenfassung von Text zu Text formulieren

Strategien, die Sie anwenden, wenn Sie diese Vorstellung haben, haben Sie vielleicht aus dem Sprachunterricht übernommen: Aktivsätze werden in Passivsätze umformuliert oder verbale Konstruktionen zu Substantivierungen. Für eine Textzusammenfassung ist dies kein sinnvolles Verfahren, denn diese Umformungen orientieren sich zu stark am jeweiligen Ausgangssatz und sind deshalb keine selbständigen Formulierungen. Ebenso problematisch ist es, die Wörter eines Satzes wie beim Übersetzen durch mehr oder weniger synonyme Begriffe auszutauschen. Hierbei bleibt die ursprüngliche Satzstruktur erhalten und es besteht die Gefahr, dass sich gerade durch den „Wörteraustausch" die Gesamtaussage zu stark verändert, selbst wenn Sie ein Wörterbuch dafür verwenden.

Wenn Sie eine Zusammenfassung schreiben, geht es jedoch um etwas anderes: Sie lesen den Text, machen sich den Sinn des Texts in Ihrer Vorstellung bewusst und formulieren ihn dann in eigenen Worten. Nach dieser Vorstellung verläuft das Zusammenfassen also nicht von Text zu Text, sondern von Ihrem Verständnis des Texts zur Zusammenfassung. Schematisch lässt sich dies folgendermaßen darstellen:

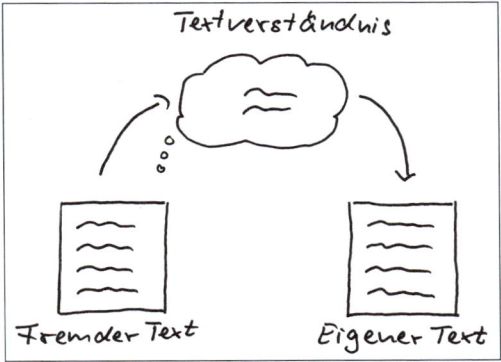

Abb. 11: Eine Zusammenfassung aus dem eigenen Textverständnis formulieren

Wenn Sie sich beim Schreiben des eigenen Texts weniger auf die Formulierungen des gelesenen Texts stützen und mehr auf Ihr eigenes Verständnis konzentrieren, wird es Ihnen leichter fallen, den Inhalt in eigenen Worten wiederzugeben. Ausgehend von dieser Vorstellung können folgende Strategien hilfreich sein, um Formulierungsplagiate zu vermeiden:

Strategien zur Vermeidung von Formulierungsplagiaten

- Machen Sie sich beim Lesen Notizen in eigenen Worten, so dass Sie Ihre Zusammenfassung schreiben können, ohne den Originaltext vor Augen zu haben.
- Erstellen Sie eine graphische Repräsentation des Textinhalts, die möglichst unabhängig von der Wortwahl des Texts ist (z. B. Mindmap oder Concept-Map).
- Lassen Sie einige Zeit zwischen dem Lesen des Texts und dem Schreiben der Zusammenfassung vergehen. So bekommen Sie Distanz zu den Formulierungen.
- Hilfreich kann es auch sein, wenn Sie Informationen nicht nur aus einem Text referieren, sondern mehrere Texte zu einem Thema

gleichzeitig verwenden. So fällt es Ihnen möglicherweise leichter, sich von den Formulierungen der einzelnen Texte zu lösen.
• Zitieren Sie Kernsätze oder Definitionen aus dem gelesenen Text wörtlich, wenn in Ihrem Fach wörtliche Zitate üblich sind. Sparsam eingesetzt kann dieses Verfahren sinnvoller sein, als krampfhaft eine Formulierung in eigenen Worten zu suchen (zur Verwendung wörtlicher Zitate vgl. auch S. 101).

Vielleicht kennen Sie beim Formulieren einer Zusammenfassung in eigenen Worten die Sorge, den Text nicht richtig verstanden zu haben, und es fällt Ihnen deshalb schwer, sich von den Formulierungen des Ausgangstexts zu lösen. Für diesen Fall empfiehlt der Schreibforscher Keseling folgendes Trainingsprogramm (vgl. Keseling 2003, 211 f.):

Übung

Texte in eigenen Worten zusammenfassen
• Wählen Sie eine Seite eines nicht zu schwierigen Texts aus Ihrem Fach oder verwenden Sie einen Beispieltext aus diesem Buch.
• Lesen Sie den Text mindestens zweimal aufmerksam durch und klären Sie, falls notwendig, Passagen, die Sie nicht gut verstehen. Machen Sie sich ausnahmsweise keine Notizen.
• Schreiben Sie nun eine Zusammenfassung, ohne noch einmal in den Text zu sehen. Vertrauen Sie auf Ihr Erinnerungsvermögen und Ihr Verständnis des Texts. Falls Ihnen ein Detail nicht einfällt, können Sie eine Lücke lassen und diese später füllen.
• Lesen Sie abschließend den Ausgangstext noch einmal durch und prüfen Sie, ob Sie den Inhalt mit Ihrer Zusammenfassung getroffen haben.
• Variante der Übung: Erzählen Sie jemandem den Inhalt des Texts, bevor Sie ihn aufschreiben. Das Sprechen kann eine Art „Generalprobe" sein und Ihnen mehr Sicherheit für die schriftliche Zusammenfassung geben.

Vielleicht sind Sie überrascht, wie leicht Ihnen das Formulieren fällt, wenn Sie beim Schreiben den Text nicht vor Augen haben. Vielleicht ist Ihnen diese Übung aber auch schwer gefallen. Versuchen Sie es dann noch einmal mit einem kürzeren Text, den Sie besser verstehen. Wie beim Sport oder beim Erlernen eines Instruments kommt es darauf an, den Schwie-

rigkeitsgrad nur langsam zu steigern – so ist der Übungseffekt am größ-
ten. Führen Sie dieses Training so lange durch, bis Sie Vertrauen in Ihre
Fähigkeiten haben, Texte zu verstehen und in eigenen Worten wiederzugeben. Die Sicherheit, die Sie durch diese Übung erwerben, wird Ihnen
im weiteren Studium zugute kommen.

4.8 Fremde Gedanken kennzeichnen und Gedankenplagiate vermeiden

Für wissenschaftliche Texte gilt die Konvention, nicht nur die Übernahme
von Formulierungen aus der gelesenen Literatur zu kennzeichnen, sondern auch die Verwendung von fremden Gedanken in eigenen Worten,
um so Gedankenplagiate zu vermeiden. Ein Gedankenplagiat liegt vor,
wenn Inhalte aus einem fremden Text ungekennzeichnet im eigenen Text
verwendet und so als die eigenen ausgegeben werden. Ein Vorteil der
konsequenten Kennzeichnung der Herkunft von Gedanken oder Informationen in Ihrem Text ist, dass Sie dadurch auch Ihren eigenen Beitrag zum
Thema besonders gut zur Geltung bringen können.

Übung

Vergleichen Sie die Lösungsvorschläge auf den S. 108-112, und überlegen
Sie, welche Zusammenfassungen unverändert in eine Hausarbeit übernommen werden könnten, ohne dass ein Gedankenplagiat vorliegt.

Lösung

Die Zusammenfassungen auf S. 108 und S. 112. könnten so in einer Hausarbeit stehen, weil aus der Formulierung deutlich wird, dass es sich um
die Gedanken von Keseling handelt. Es müsste lediglich die Literaturangabe hinzugefügt werden. Bei der Zusammenfassung auf S. 110 fehlen
Hinweise auf den Autor Keseling. Beim Lesen entsteht deshalb der Eindruck, dass die Gedanken von der Autorin der Zusammenfassung stammen; es liegt ein Gedankenplagiat vor.

Je nach Fach gibt es unterschiedliche Möglichkeiten, inhaltliche Übernahmen im eigenen Text zu kennzeichnen.

- Wenn es sich um wissenschaftliche Positionen, Auffassungen oder Interpretationen handelt und wenn für die Darstellung wichtig ist, wer

eine Position vertritt (z. B. in einem Forschungsüberblick), werden die Autoren und Autorinnen zusätzlich zur Literaturangabe häufig im Text der Arbeit genannt. Dies ist v. a. in geistes- und kulturwissenschaftlichen Fächern üblich (vgl. 4.8.1 und 4.8.2).

- Wenn es bei den wiedergegebenen Inhalten um feste Fakten geht bzw. wenn es für die Darstellung keine Rolle spielt, wer die Aussagen getroffen hat, wird oft nur die Literaturangabe verwendet. Dies ist v. a. in den technischen, naturwissenschaftlichen Fächern und häufig auch in Sozial- und Wirtschaftswissenschaften der Fall (vgl. 4.8.3).

Welche Form der Kennzeichnung in Ihrem Fach üblich ist, können Sie aus Leitfäden zum wissenschaftlichen Arbeiten und von Ihren Lehrenden erfahren. Achten Sie auch beim Lesen von Fachliteratur darauf, wie der Ursprung von Informationen gekennzeichnet wird. In allen Fächern ist es genauso wie bei wörtlichen Zitaten notwendig, in einer Literaturangabe die Quelle anzugeben, aus der der Gedanke stammt.

> **Tipp**
>
>
>
> Denken Sie daran: Wenn Sie keine anderen Signale in Ihrem Text setzen, gehen die Leser und Leserinnen davon aus, dass Gedanken, Informationen und Formulierungen von Ihnen stammen.

4.8.1 Die Herkunft von Gedanken kennzeichnen: einen Brief an den Autor schreiben

Die Konvention, gedankliche Übernahmen aus gelesenen Texten sprachlich zu kennzeichnen, können Sie sich deutlich machen, indem Sie einen fiktiven Brief an den Autor oder die Autorin eines wissenschaftlichen Texts schreiben. (Idee zu dieser Übung: Boeglin 2007, 118).

> **Übung**
>
> Lesen Sie den Text von Johan Galtung auf S. 49. (Sie können auch einen Text aus Ihrem Fach verwenden, mit dem Sie sich gerade beschäftigen.) Schreiben Sie dann einen fiktiven Brief an den Autor. Verwenden Sie dabei folgenden Aufbau:
> - Anrede
> - Beschreiben Sie, warum und mit welchem Ziel Sie den Text gelesen haben.

- Was hat Ihnen gut gefallen und was haben Sie aus dem Text gelernt?
- Fassen Sie zusammen, was Sie nicht verstanden haben, wozu Sie Fragen haben oder in welcher Hinsicht Sie anderer Meinung sind.
- Grußformel

Lesen Sie anschließend Ihren Brief durch und unterstreichen Sie die Formulierungen, die erkennen lassen, welche Aussagen von Galtung stammen und welche von Ihnen.

Selbstverständlich kann der Inhalt Ihres Briefs ganz anders sein, als der folgende Lösungsvorschlag.

Lösungsvorschlag

Sehr geehrter Herr Galtung,
mit großem Interesse habe ich Ihren Aufsatz zu den intellektuellen Stilen in der Theoriebildung gelesen, weil ich mich zurzeit für eine Hausarbeit mit den kulturell bedingten Unterschieden wissenschaftlicher Texte beschäftige.
Für mich war ganz besonders interessant, dass Sie in Ihrem Essay über die Formen der Theoriebildung unterschiedliche Auffassungen von Wissenschaftlichkeit darstellen. So beschreiben Sie, dass sich die britischen und US-amerikanischen Ansätze durch ihre Konzentration auf empirische Daten kennzeichnen, und folgern, dass Wissenschaftlichkeit in diesen Kulturen über eine solide Datenbasis definiert wird. Dem stellen Sie das gallische und teutonische Wissenschaftsverständnis gegenüber, das sich ganz auf die Theoriebildung konzentriert. Ihre Darstellung des gallischen Theorieverständnisses als auf „einer bestimmten künstlerischen Qualität" beruhend kann ich nicht gut nachvollziehen. Ich frage mich, ob sich ein künstlerischer und ein wissenschaftlicher Ansatz nicht gegenseitig ausschließen. Oder liegt es an meiner Prägung durch das „teutonische" Theorieverständnis, dass ich diese Frage überhaupt stelle? Eine Antwort würde mir helfen, die kulturwissenschaftlichen Texte zu verstehen, die in französischer Tradition stehen.
So hilfreich Ihre Einteilung der intellektuellen Stile ist, sehe ich auch die Gefahr der Übergeneralisierung und des Vorurteils. Unterschiede zwischen wissenschaftlichen Ansätzen sollten wertfrei überprüft und nicht vorschnell auf kulturelle Unterschiede zurückgeführt werden. Zudem klammern Sie die Frage nach fachspezifischen Unterschieden aus. Untersuchungen aus der kontrastiven

Linguistik zeigen, *dass naturwissenschaftliche Publikationen aus allen Kulturen meist dem britischen/US-amerikanischen Stil folgen, während die Unterschiede in anderen Fächern wesentlich größer sind. Ich denke deshalb, dass es wichtig ist, die Bedeutung der Wissenschaftssprache Englisch mit in die Überlegungen zu den intellektuellen Stilen einzubeziehen.*

Mit freundlichen Grüßen
Ulrike Lange

Wahrscheinlich finden Sie in Ihrem Brief – wie auch im Lösungsvorschlag oben – Formulierungen wie:

- *In Ihrem Artikel schreiben Sie ...*
- *Sie stellen dar, wie ...*

und Formulierungen wie

- *Im Gegensatz zu Ihrer Interpretation denke ich, dass ...*
- *Ihre Auffassung widerspricht aber der von X*

Formulierungen dieser Art werden auch in wissenschaftlichen Texten verwendet, um deutlich zu machen, um wessen Gedanken es geht. Im fiktiven Brief haben Sie sie wahrscheinlich automatisch verwendet, weil dies auch in der direkten Kommunikation üblich ist. Sie können den Brief als Modell für die Kennzeichnung von fremden und eigenen Gedanken in einem wissenschaftlichen Text nutzen.

4.8.2 Wiedergabe von Gedanken und Positionen mit Bezug auf die Autoren im Text

Um fremde Gedanken im eigenen Text zu kennzeichnen, gibt es eine ganze Palette unterschiedlicher sprachlicher Mittel. Das folgende Beispiel ist typisch für Texte aus den Geistes- und Kulturwissenschaften.

Der dominant kognitive Lesebegriff in verschiedenen Leistungsvergleichs-Studien ist von LeseforscherInnen problematisiert worden. Hurrelmann verbindet ihre Kritik an der PISA-Konzeption mit einem „Plädoyer für ein didaktisches Konzept des Lesens als kulturelle Praxis" (B. Hurrelmann 2002). Vor allem in der didaktischen Perspektive sei es unverzichtbar, einen weit gefassten Lesebegriff einzuführen, der die Beweggründe für das Lesen, die Gefühle beim Lesen und die Ge-

spräche über Gelesenes als Bestandteile von Lesekompetenz begreift und nicht nur als Hintergrundvariablen. Dies ist laut Hurrelmann vor allem in der Sozialisationsperspektive zentral. Rosebrock & Nix (2008) bauen in ihrem „didaktisch orientierten Modell von Lesekompetenz" auf diesem ganzheitlichen Modell auf. (nach Garbe 2009, 30 f., gekürzt)

In diesem Text werden unterschiedliche Positionen zu einem Gegenstand dargestellt. Um die fremden Gedanken zu kennzeichnen, verwendet die Autorin Formulierungen, die angeben, was die Autorinnen in ihren Texten tun *(problematisieren, Kritik mit einem Plädoyer verbinden, auf etwas aufbauen)*, was sie in ihren Texten sagen *(laut Hurrelmann)* und den Konjunktiv *(sei es unverzichtbar)*; zusätzlich nennt sie zu jeder Übernahme die Literaturangaben.

Folgende Mittel stehen Ihnen zur Verfügung, um in Ihrem Text sichtbar zu machen, dass Sie Gedanken oder Informationen aus einem gelesenen Text wiedergeben:

Kennzeichnung fremder Gedanken

- **Formulierungen, mit denen Sie explizit auf den Autor oder die Autorin eines Texts verweisen**
  Diese Wiedergabefloskeln können entweder nur den Inhalt eines Texts konstatieren (Was sagt der Autor?) oder darüber hinaus auch angeben, welche sprachliche und gedankliche Handlung er im Text vollzieht (Was tut der Autor?).
  Beispiel: Das „Skelett" einer Zusammenfassung mit Wiedergabefloskeln könnte folgendermaßen aussehen: *In ihrem Artikel ... beschäftigt sich X mit .... Sie geht davon aus ... und legt ihrer Darstellung ... zugrunde. Nach X sind im Zusammenhang mit ... drei Hauptpunkte zu berücksichtigen. Eine weitere Schwierigkeit sieht sie darin, dass .... Anhand eines Fallbeispiels geht sie auf ... ein. Abschließend zieht X folgendes Fazit der Untersuchung: „...".*
  Das Tempus der Wiedergabefloskeln ist in den meisten Fächern in der Regel Präsens. Wenn Sie den historischen Aspekt der Forschungsgeschichte, z. B. in einem Forschungsüberblick, betonen wollen, können Sie auch Vergangenheitstempora verwenden:
  Beispiel: *Der Begriff ... wurde von B geprägt, der ihn als ... bestimmte. Diese Definition wurde erst zehn Jahre später von C aufgegriffen und um ... erweitert.*
  In den Naturwissenschaften wird in Anlehnung an den englischen Sprachgebrauch allerdings häufig generell die Vergangenheit verwendet.

- **Konjunktiv**

  Als Modus der indirekten Rede kann der Konjunktiv in Kombination mit Wiedergabefloskeln in wissenschaftlichen Texten zur Gedankenwiedergabe genutzt werden. Hierbei ist Folgendes zu beachten:

  – Häufig wird eine Zusammenfassung durch einen Satz mit Wiedergabefloskel eingeleitet und dann im Konjunktiv fortgesetzt.

    Beispiel: *Lange (2013, 124) stellt drei Formen vor, um auf fremde Gedanken zu verweisen. Durch die Verwendung von Wiedergabefloskeln sei es möglich, die argumentative Struktur eines Texts herauszuarbeiten.*

  – Auch wenn es die Schulgrammatik vorschreibt, bei der indirekten Rede immer den Konjunktiv zu verwenden, ist dies in wissenschaftlichen Texten nicht unbedingt üblich, lange Passagen im Konjunktiv werden vermieden.

    Beispiel: *Lange (2013, 124) gibt an, dass der Konjunktiv in wissenschaftlichen Texten anders verwendet wird, als es in der Schulgrammatik für die indirekte Rede dargestellt wird.*

    In manchen Fächern würde ein Konjunktiv an dieser Stelle sogar bedeuteten, dass die Aussage in Zweifel gezogen wird.

  – Der Konjunktiv alleine reicht zur Markierung fremder Gedanken nicht aus.

  – Kein Konjunktiv steht in Sätzen mit *laut* oder *nach.*

    Beispiel: *Laut Lange (2013) wird die Bedeutung des Konjunktivs für die Textwiedergabe im wissenschaftlichen Bereich überschätzt.*

- **Eingerahmte Textwiedergabe**

  Bei einer zusammenhängenden Textwiedergabe ohne Einschübe aus anderen Quellen können Sie den Anfang und das Ende kennzeichnen. Innerhalb dieses Rahmens sind keine weiteren sprachlichen Signale für die Textwiedergabe notwendig (auch kein Konjunktiv). Im folgenden Beispiel ist das Ende dadurch markiert, dass auf eine andere Quelle verwiesen wird.

  Beispiel: *Hanspeter Ortner hat in seiner Studie „Schreiben und Denken" zehn unterschiedliche Schreibstrategien herausgearbeitet (vgl. Ortner 2000, 246 ff.). [Dann folgt eine ausführliche Zusammenfassung des Texts von Ortner]. Diese Strategien wurden zuerst von Böttcher/Czapala (2002) didaktisch umgesetzt und sind seitdem die Grundlage vieler Schreibübungen.*

Mit etwas Übung können Sie die sprachlichen Mittel so kombinieren und variieren, dass der Text nicht eintönig wird. Im Gegenteil tragen die Formulierungen der Kategorie „Was tut der Autor?" zur Präzision und Lesbarkeit Ihrer Zusammenfassung bei. Durch die Angabe der gedanklichen Handlungen, die die Autoren und Autorinnen vollziehen, geben Sie nicht nur den Inhalt wieder, sondern auch die argumentative Struktur des Texts. Diese herauszuarbeiten ist Ihre Eigenleistung bei der Zusammenfassung von Fachliteratur.

4.8.3 Wiedergabe von Fakten und Informationen ohne Bezug auf die Autoren im Text

Nicht in allen Fächern ist es üblich, innerhalb einer Textwiedergabe Wiedergabefloskeln zu verwenden. Das folgende Beispiel ist typisch für Texte aus den Natur- und Ingenieurwissenschaften und aus großen Teilen der Wirtschafts- und Sozialwissenschaften.

Das Muster eines kurzfristigen morgendlichen Gipfels der Nettophotosynthese nach Sonnenaufgang im Anschluss an nächtliche Befeuchtung mit anschließender Wiederaustrocknung ist für das Verhalten der Flechten an vielen Standorten charakteristisch (Büttner 1971). Es findet sich typischerweise unter ariden und semiariden Bedingungen, z. B. in der Negev-Wüste (Lange et al. 1970, Kappen et al. 1979, 1980), in der Nebelzone der Atakama-Wüste (Lange & Redon 1983), in der mediterranen Küstenzone Kaliforniens (Matthes-Sears et al. 1986), aber auch unter maritim beeinflussten Bedingungen an Dünenstandorten der Nordsee (Bruns-Strenge & Lange 1991).
(nach Lange et al. 1991, 260, gekürzt und adaptiert)

In diesem Text werden die Ergebnisse aus der Forschungsliteratur als Fakten dargestellt. Neben den Literaturangaben gibt es keine weitere Kennzeichnung der Übernahmen.

Wenn es in Ihrem Fach üblich ist, die Informationen aus der Literatur als Fakten darzustellen – oder dies für einen bestimmten Abschnitt Ihrer Arbeit sinnvoll ist – kennzeichnen Sie die Wiedergabe von Informationen aus anderen Texten ausschließlich durch Literaturangaben. Die Grundregel ist hierbei, dass die Literaturangabe unmittelbar auf die zitierte Information folgt. Das bedeutet, dass alles, was vor der Literaturangabe steht, aus dem angegebenen Text stammt, es sei denn, es kommt eine neue Literaturangabe, ein Absatz oder ein sprachliches Signal, dass es sich um Ihre eigenen Schlussfolgerungen, Ergebnisse oder Interpretationen handelt. Wie in dem Beispiel oben können zu einer Information auch mehrere Literaturangaben aufgezählt werden.

4.8.4 Abgrenzung von fremder und eigener Position

In Ihrer Haus- oder Abschlussarbeit werden Sie häufig die Wiedergabe der gelesenen Literatur mit einem eigenen Kommentar, einer Bewertung, Schlussfolgerung oder mit weiterführenden Gedanken verbinden. Dabei ist entscheidend, dass eindeutig erkennbar ist, wo die Grenze zwischen den Gedanken aus dem fremden Text und Ihren eigenen Überlegungen verläuft. **Beispiel:** Diese Grenze ist in den Lösungsvorschlägen auf S. 108 und 112 durch folgende Formulierungen markiert: *Wenn man Keselings Darstellung radikal weiterdenkt* und *Aus Keselings Darstellung des Problems lassen sich folgende Empfehlungen für Studierende ableiten.*

Formulierungen für die Abgrenzung von fremden und eigenen Gedanken

Fortführung des Gedankengangs
- Auf die von mir analysierten Unterrichtssituationen angewendet, bedeutet dies …
- Hieraus lässt sich schließen, dass …
- Für die Beschreibung der vorliegenden Daten ließe sich dieses Modell folgendermaßen modifizieren …
- Als Beispiel hierfür ließe sich … anführen.
- Verbunden mit den Erkenntnissen von Y bedeutet dies, dass …
- Diese Überlegungen lassen sich gut mit denen von Y verbinden: …

Kritik
- Anders als X halte ich … für ausschlaggebend, weil …
- Die Schlussfolgerung von X ist problematisch, weil er nicht berücksichtigt, dass … Dies wäre aber wichtig, um …
- In der Argumentation von X liegt ein Widerspruch: Einerseits stellt sie fest, dass …, andererseits behauptet sie, dass …
- Obwohl ich mit X darin übereinstimme, dass … kann ich seiner Schlussfolgerung, dass … nicht zustimmen, weil …
- Diese Ansicht ist nicht länger haltbar, denn neuere Studien haben gezeigt, dass …
- Im Gegensatz zu dieser Theorie zeigen die Ergebnisse dieser Arbeit, dass …

Neben der Funktion, Textwiedergabe und eigenen Kommentar voneinander abzugrenzen, zeigen sich in diesen Formulierungen typische wissenschaftliche Denk- und Argumentationsstrukturen, die Sie dafür nutzen können, eine Verbindung zwischen fremden und eigenen Gedanken herzustellen. Die Auswahl ist vom inhaltlichen Zusammenhang abhängig, und je nach Fach und Art der Arbeit sind unterschiedliche Formen möglich: solche, in denen Sie durch die Verwendung des Worts „ich" explizit Ihre Position darstellen und solche, in denen Sie Ihre Auseinandersetzung mit dem Thema dadurch zeigen, dass Sie z. B. die Ergebnisse verschiedener Studien einander gegenüber stellen.

Tipp

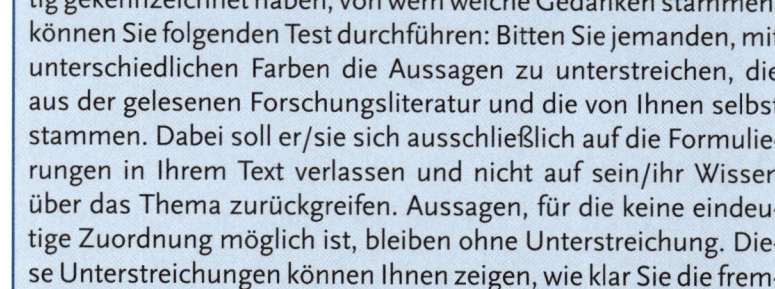

Wenn Sie nicht sicher sind, ob Sie in Ihrer Arbeit immer eindeutig gekennzeichnet haben, von wem welche Gedanken stammen, können Sie folgenden Test durchführen: Bitten Sie jemanden, mit unterschiedlichen Farben die Aussagen zu unterstreichen, die aus der gelesenen Forschungsliteratur und die von Ihnen selbst stammen. Dabei soll er/sie sich ausschließlich auf die Formulierungen in Ihrem Text verlassen und nicht auf sein/ihr Wissen über das Thema zurückgreifen. Aussagen, für die keine eindeutige Zuordnung möglich ist, bleiben ohne Unterstreichung. Diese Unterstreichungen können Ihnen zeigen, wie klar Sie die fremden Gedanken gekennzeichnet haben, und Ihnen so Anregungen für eine weitere Überarbeitung geben.

4.8.5 Sich die typischen Formulierungen für die Textwiedergabe aneignen

Um Sicherheit bei der Wiedergabe von Informationen aus der Forschungsliteratur in den eigenen Texten zu erwerben, ist es hilfreich, sich ein Repertoire an Formulierungen anzueignen, wie sie in den vorhergehenden Kapiteln vorgestellt wurden. Das gilt ganz besonders, wenn Sie in einer Fremdsprache schreiben.

Tipp

Stellen Sie sich Listen mit Formulierungsmustern zu bestimmten Themen (z. B. Einleitung wörtlicher Zitate) zusammen. Lesen Sie hierfür Texte aus Ihrem Fachgebiet und unterstreichen Sie die entsprechenden Formulierungen. So gehen Sie sicher, sich am Sprachgebrauch Ihres Fachs zu orientieren.

Listen mit Formulierungsvorschlägen finden Sie auch in Lehrbüchern, Ratgebern und Unterrichtsmaterialien zum wissenschaftlichen Schreiben (vgl. S. 147). Bedenken Sie, dass die Formulierungen in diesen Listen nicht dasselbe bedeuten, auch wenn sie eine ähnliche Funktion im Text haben. Wählen Sie deshalb nicht willkürlich aus und verwenden Sie keine Formulierungen, deren Bedeutung Sie nicht genau kennen.

> **Übung Lektürejournal**
>
> Setzen Sie sich, vor allem wenn Sie in einer Fremdsprache schreiben, mit Formulierungslisten aktiv auseinander. Notieren Sie, wenn nötig, Erklärungen und Anwendungsbeispiele aus Fachtexten, die Sie lesen. Bilden Sie Sätze mit den Formulierungen und holen Sie sich Rückmeldungen ein, ob Sie sie passend verwenden.

4.9 Literaturangaben: Funktion und Grundformen

Literaturangaben sind nicht nur notwendig, um Plagiate zu vermeiden, sondern sie sichern auch das kooperative Arbeiten in den Wissenschaften. Sie sind die Grundlage für den Austausch und die Fortentwicklung von Ideen. Auch Sie profitieren von ihnen, wenn Sie Fachliteratur lesen:

- Sie helfen Ihnen dabei, Literatur zu dem behandelten Thema zu finden.
- Sie ermöglichen Ihnen, sich Informationen zu beschaffen, die in dem Text selbst vorausgesetzt oder nur knapp dargestellt werden. Das kann eine Voraussetzung dafür sein, einen Text zu verstehen.
- Sie ermöglichen Ihnen, den Text kritisch zu überprüfen, indem Sie sich die angegebene Literatur verschaffen und selbst lesen. Das ist am einfachsten, wenn die konkreten Seitenzahlen angegeben sind.
- Weiterführende Literaturangaben ermöglichen Ihnen, dort weiter zu denken und weiter zu forschen, wo der Text aufhört, den Sie gerade lesen.

Damit Literaturangaben diese Funktionen erfüllen, müssen sie alle notwendigen Informationen enthalten, um Texte damit eindeutig identifizieren und leicht in einer Bibliothek oder im Internet finden zu können.

Die Form der Literaturangaben kann sich von Fach zu Fach, von Publikationsort zu Publikationsort und je nach Vorstellung der Lehrenden unterscheiden. Immer gilt jedoch: Zu jedem Zitat – ob wörtlich oder sinngemäß – gehört eine eindeutige Literaturangabe. Informieren Sie sich möglichst frühzeitig, welches System Sie für eine bestimmte Arbeit anwenden sollen. Wichtige Fragen sind hierbei:

Checkliste zur Form von Literaturangaben
- Wo sollen Sie die Literaturangaben platzieren: als Fußnote am Ende der Seite (vgl. S. 137) oder in einer Klammer im Fließtext (vgl. z. B. S. 140)?
- Nach welchem Muster sollen Sie die Literaturangaben im Text oder den Fußnoten machen?
  - Als vollständige Literaturangabe mit den Angaben: Autor, Titel, Publikationsort, Jahr, evtl. Seitenzahl bei Verweisen auf konkrete Textstellen (wird meist nur in Fußnoten angewendet; fachspezifische Unterschiede z. B. bei Verwendung von Satzzeichen und kursiv)
    Beispiel: *Andreas Ohme, Karel Čapeks Roman „Der Krieg mit den Molchen". Verfahren – Intention – Rezeption. Frankfurt a. M. 2002, S. 33.*
  - Als Kurzzitat mit den Angaben: Autor, Jahr, evtl. Seitenzahl bei Verweisen auf konkrete Textstellen (sog. Harvardzitation); die vollständigen Angaben finden sich im Literaturverzeichnis
    Beispiel: *(Ohme 2002, 33)*
  - Als Zahl in eckigen Klammern, die auf die Nummer des Texts in einem durchgezählten Literaturverzeichnis verweist (sog. Vancouverkonvention, v. a. in Medizin und den technischen Fächern üblich)
    Beispiel: *[18]*
- Gibt es bestimmte Abkürzungen, die Sie verwenden können und welche Bedeutung haben sie (Unterschiede zwischen Fächern und Publikationsorten)?
- Nach welchem Muster sollen Sie die Literaturangaben im Literaturverzeichnis machen? Die Angaben im Literaturverzeichnis müssen immer vollständig sein und zu der Form, die im Text verwendet wird, passen:
  - Wenn im Text das Kurzzitat verwendet wird, ist es üblich, im Literaturverzeichnis mit den Angaben Autor und Jahr zu beginnen.
    Beispiel: *Ohme, Andreas (2002): Karel Čapeks Roman „Der Krieg mit den Molchen". Verfahren – Intention – Rezeption. Frankfurt a. M.*
  - Wenn im Text Zahlen als Literaturangabe verwendet werden, müssen die Titel im Literaturverzeichnis nummeriert sein.

In welcher Form in einem Fach die Literaturangaben gemacht werden, erfahren Sie häufig in Einführungsveranstaltungen oder Tutorien. Viele Lehrende und Lehrstühle geben auch sogenannte Stylesheets oder Leitfäden zum wissenschaftlichen Arbeiten aus oder stellen sie auf ihren Homepages bereit. Falls für Ihre Arbeit keine konkreten Vorgaben existieren, können Sie sich für eines der gängigen Systeme entscheiden und dies konsequent einhalten.

Tipp

Wenn Sie eine Literaturverwaltungssoftware verwenden, können Sie einstellen, nach welchem Muster die Literaturangaben in Ihrem Text gesetzt werden sollen.

Wenn Sie keine Literaturverwaltungssoftware verwenden: Schreiben Sie sich das Muster für die Literaturangabe auf eine Karteikarte, damit Sie es immer zur Hand haben, und kontrollieren Sie die Literaturverweise beim Korrekturlesen in einem extra Durchgang. So können Sie viel dafür tun, dass Lehrende Ihren Text wohlwollend aufnehmen, ohne durch „formale Mängel" abgelenkt zu werden.

5 Strategien für das Schreiben mit Bezug auf Fachliteratur

In den vorangehenden Kapiteln haben Sie sich mit den einzelnen Aufgaben bei der Arbeit mit Fachliteratur beschäftigt: mit Lesen und Notieren, Verstehen und Weiterentwickeln der gelesenen Inhalte und im letzten Kapitel schließlich mit den sprachlichen und formalen Anforderungen bei der Wiedergabe von fremden Gedanken im eigenen Text. In Ihrem Studium wird es aber selten vorkommen, dass Sie diese Aufgaben getrennt voneinander behandeln. In den meisten Fällen lesen Sie Fachpublikationen, um etwas zu lernen und sich auf eine Prüfung vorzubereiten oder um sie für eine Hausarbeit, ein Essay oder eine Abschlussarbeit zu verwenden. Deshalb geht es in diesem abschließenden Kapitel um übergeordnete Strategien, die Sie einsetzen können, um Ihren eigenen Text mit Bezug auf (viele) fremde Texte zu schreiben.

Ein wissenschaftlicher Text besteht vereinfacht betrachtet in der Regel aus zwei Ebenen: einerseits aus der Argumentation, die Sie für Ihre Arbeit entworfen haben, Ihren eigenen Gedanken und Ergebnissen, andererseits aus Informationen aus der Fachliteratur in Form von wörtlichen oder sinngemäßen Zitaten. Beim Schreiben verbinden und verweben Sie diese Elemente unterschiedlicher Herkunft so, dass sie eine Einheit bilden und ein neues, in sich geschlossenes Ganzes entsteht. Dieser Aspekt der Bedeutung des Worts Text zeigt sich auch in der Wortherkunft von Lateinisch texere: weben, flechten. Beim Schreiben können Sie von Anfang an beide Textebenen berücksichtigen oder mit einer Textebene beginnen und die andere später ergänzen.

5.1 Alles gleichzeitig: schreiben mit den Texten auf dem Schoß

Viele Studierende wenden eine Strategie an, die Limburg/Otten (2011, 110) „mit den Quellen auf dem Schoß" nennen. Bei diesem Verfahren haben Sie die Texte, die Sie in einem bestimmten Abschnitt Ihrer Arbeit verwenden wollen, beim Schreiben vor sich liegen. Sie haben sie davor zumindest überflogen, möglicherweise besonders relevante Stellen markiert und eine Vorstellung davon, was Sie schreiben wollen. Dann lesen Sie die Stellen aus den fremden Texten, formulieren die Inhalte unmittelbar in Ihren eigenen Text und verbinden sie mit einer kritischen Auseinandersetzung oder anderen weiterführenden Gedanken.

Diese Arbeitsweise erfordert eine sehr hohe Konzentration und viel Übung, Gelesenes in eigenen Worten wiederzugeben. Sie können es sich etwas leichter machen, wenn Sie, wie Limburg/Otten vorschlagen, die Texte abends lesen und Ihren eigenen Text am nächsten Morgen schreiben. So haben Sie die Inhalte immer noch präsent, können aber durch die Pause zwischen Schreiben und Lesen die notwendige Distanz zu den fremden Formulierungen einnehmen. Eine weitere Hilfe ist es, den Inhalt Ihrer Arbeit möglichst gut zu planen, um sich dann ganz auf das Formulieren konzentrieren zu können. So können Sie z. B. vor dem Schreiben nicht nur die Gliederung entwerfen, sondern auch zu den einzelnen Kapiteln in Stichworten notieren, welche Aspekte Sie darstellen wollen.

Nicht immer führt diese Strategie zu einem befriedigenden Ergebnis. Möglicherweise empfinden Sie das Schreiben als mühsam und haben das Gefühl, bloß fremde Texte wiederzukäuen, oder Sie (und andere) sind mit der Qualität Ihrer schriftlichen Arbeiten nicht zufrieden. Dies kann daran liegen, dass Sie versuchen, zu viel gleichzeitig zu tun: Texte lesen und verstehen, einen roten Faden entwickeln, die gelesenen Inhalte formulieren und mit den eigenen Gedanken verbinden. Gerade wenn Sie sich mit komplexen Inhalten beschäftigen, viel Literatur verwenden oder vielleicht in einer Fremdsprache schreiben, kann dies die Speicherkapazität des Arbeitsgedächtnisses überfordern. Dann kann es hilfreich sein, eine der folgenden Arbeitsweisen einzusetzen, bei denen Sie die einzelnen Teilaufgaben nacheinander angehen.

5.2 Eins nach dem anderen: Mosaik und Lückentext

Wenn Sie beim Schreiben mit Bezug auf Literatur schrittweise vorgehen, können Sie sich besser auf die einzelnen Aufgaben konzentrieren, Arbeitsblockaden vorbeugen und eine hohe Textqualität erzielen. Machen Sie sich hierfür schon beim Lesen Notizen, schreiben Sie Zusammenfassungen, führen Sie ein Lektürejournal und wenden Sie eine der im Folgenden vorgestellten Strategien an: Mosaik- oder Lückentextverfahren. Bei diesen Verfahren setzen Sie jeweils bei einer Ebene des wissenschaftlichen Textes an, der gelesenen Literatur oder dem eigenen roten Faden, um eine Rohfassung zu erstellen, und ergänzen bei der Überarbeitung die jeweils fehlende. Um die Verfahren anwenden zu können, brauchen Sie noch nicht die gesamte Literatur gelesen zu haben, denn Sie können auch später noch neue Informationen in den entstehenden Text einfügen.

Mosaik- und Lückentextverfahren sind Extrempositionen, die selten in Reinform angewendet werden und zwischen denen es viele Übergänge gibt. Wenn Sie beide Verfahren ausprobieren, bekommen Sie ein Gespür dafür, wie sich ein wissenschaftlicher Text zusammensetzt, welche Arbeitsschritte beim Scheiben notwendig sind und wie Sie Ihren Schreibprozess am besten organisieren können.

5.2.1 Mosaikverfahren: erst die Literatur, dann der eigene Text

Beim Mosaikverfahren gehen Sie von den gelesenen Texten aus: Diese liefern die „Steine", die Sie wie bei einem Mosaik so zusammensetzen, dass ein neues Bild sichtbar wird. Sie wählen also aus dem vorliegenden Material aus und stellen einen Rohtext zusammen. Das Material können Lesenotizen und Textzusammenfassung, Überlegungen aus Ihrem Lektürejournal oder wörtliche Zitate sein, die Sie in der gelesenen Literatur markiert haben. Die wichtigste Aufgabe bei der Überarbeitung ist, diese einzelnen Elemente zu einem zusammenhängenden Text zu verbinden und auf Ihre Fragestellung zuzuschneiden.

Tipp

Probieren Sie das Mosaikverfahren aus, wenn Ihre Texte kritisiert wurden, weil Sie die gelesene Literatur nur unzureichend berücksichtigen. Konzentrieren Sie sich auch bei der Überarbeitung besonders darauf, Literaturverweise und Zitate einzufügen.

Vorgehen: Um eine Rohfassung herzustellen, bringen Sie die Textteile, die Ihnen aus und zu dem Gelesenen vorliegen, in eine sinnvolle Reihenfolge. Hierfür können Sie zwei unterschiedliche Wege nutzen:

Wenn Sie im Arbeitsprozess früh eine Gliederung erstellen, können Sie bereits Ihre Lesenotizen und Exzerpte kapitelweise anlegen und die einzelnen Punkte Ihrer Arbeit nach und nach mit Informationen aus den gelesenen Texten füllen (Top-down-Prozess). So erstellen Sie bereits beim Lesen einen Mosaiktext, den Sie dann weiter überarbeiten können.

Bei dem zweiten Weg entwickeln Sie die Struktur Ihres Texts durch das Mosaikverfahren aus dem noch ungeordneten Material (Bottom-up-Prozess). Sortieren Sie hierfür die Informationen, Zusammenfassungen und wörtlichen Zitate aus den Forschungstexten thematisch nach dem geplanten Ablauf Ihrer Arbeit oder kopieren Sie sie direkt in eine Datei und erproben Sie durch Hin- und Herschieben eine sinnvolle Reihenfolge. Wenn Sie noch gar keine Vorstellung von einer Gliederung haben, können Sie zur Entwicklung einer Reihenfolge Karten einsetzen. Schreiben Sie die Stichworte oder Zitate auf einzelne Karten. Bilden Sie dann Stapel, die inhaltlich zusammengehören, und legen Sie schließlich eine Reihenfolge der Stapel und der Karten innerhalb der Stapel fest. Aus den Karten können Sie dann einen Schreibplan, also eine konkrete, kleinschrittige Gliederung entwerfen oder direkt den ersten Textentwurf zusammenstellen.

Nachdem Sie auf die eine oder andere Weise einen Rohtext hergestellt haben, entwickeln Sie den Zusammenhang Ihres Texts weiter, indem Sie Verbindungen zwischen den Informationen und Positionen ziehen und den eigenen Text formulieren.

Tipp

Nutzen Sie zur Herstellung eines Rohtexts mit dem Mosaikverfahren ein Literaturverwaltungsprogramm.

Vorteile: Das Mosaik-Verfahren zur Erstellung einer Rohfassung hat folgende Vorteile:

- Sie können Textfragmente aus Ihren Exzerpten oder aus Ihrem Journal unmittelbar als Grundlage für Ihren Text nutzen.
- Wenn Sie mit dem Formulieren Ihrer Arbeit beginnen, steht schon etwas in der Datei.
- Sie vergessen nicht, Literatur zu berücksichtigen, die Sie ausgewählt haben, und verschaffen sich beim Zusammenstellen der Rohfassung einen Überblick über Ihr Material.
- Sie können systematisch aus dem Material einen Zusammenhang und roten Faden für Ihren Text entwerfen.
- Sie können Informationen und Zitate, die Sie unbedingt verwenden wollen, wie Puzzleteile hin und her schieben, bis Sie eine passende Reihenfolge gefunden haben.

Mögliche Schwierigkeiten: Möglicherweise gelingt es Ihnen nicht gut, die Einzelteile zu einem geschlossenen Text zu verbinden. Dann entsteht aus dem Mosaik kein erkennbares Bild, weil die übergeordnete Idee bzw. der rote Faden fehlt oder weil zu wenig verbindendes Material in den Fugen zwischen den Steinchen ist. Im Text bilden diesen Kitt die Zusammenhänge, die Sie zwischen den einzelnen Positionen aus der Literatur herstellen, die verbindenden Gedanken und Formulierungen. Lehrende klagen oft darüber, dass Hausarbeiten eine unzusammenhängende Aneinanderreihung von Zitaten sind. Dies kann dadurch zustande kommen, dass Rohfassungen, die durch das Mosaikverfahren entstanden sind, nicht ausreichend überarbeitet wurden.

Tipps zur Überarbeitung: Das Mosaikverfahren anzuwenden bedeutet nicht, Ihren Text durch Copy&Paste aus anderen Texten zusammenzuschneiden. Der Zusammenhang zwischen den einzelnen Informationen, Zitaten und Positionen ergibt sich nicht von selbst; es ist notwendig, ihn aktiv herzustellen und auszuformulieren. Das gelingt am leichtesten, wenn Sie eine klar umrissene Fragestellung haben, bewusst einen eigenen Text schreiben und sich bei der Überarbeitung auf die Verknüpfung der Einzelteile konzentrieren.

Inhaltlich-strukturelle Überarbeitung beim Mosaikverfahren

- Machen Sie sich den roten Faden Ihres Texts bewusst. Formulieren Sie für jedes Kapitel eine Absichtserklärung: Was werden Sie in diesem Kapitel machen? Warum? In welchem Zusammenhang steht das mit Ihrem Thema oder Ihrer Frage?
- Lassen Sie die Zitate und Zusammenfassungen fremder Texte nicht für sich selbst sprechen, sondern schreiben Sie verbindende Textteile, aus denen deutlich wird, welche Funktion sie in Ihrem Text haben.
- Wählen Sie aus Ihrem Material passende Passagen aus; wahrscheinlich werden Sie nicht alles für die Ausformulierung Ihres Texts benötigen.
- Entscheiden Sie, wann Sie eine Passage wörtlich zitieren wollen und wann in eigenen Worten wiedergeben. Je mehr sinngemäße Zitate Sie verwenden, desto besser können Sie die gelesenen Positionen und Informationen in Ihre Argumentation integrieren und den Eindruck einer Zitatsammlung vermeiden.

Einen Eindruck vom Mosaikverfahren bekommen Sie durch das folgende Beispiel, in dem es inhaltlich um Intertextualität, also den Bezug von Texten aufeinander, geht. Der Rohtext besteht aus einem Eintrag im Lektürejournal und zwei Passagen aus Exzerpten, die bereits in der Reihenfolge der geplanten Argumentation angeordnet sind. Es handelt sich dabei um private Notizen, die für Sie möglicherweise nicht vollständig verständlich sind. Folgende Abkürzungen und Symbole werden verwendet: IT für Intertextualität, in den Exzerpten Anführungsstriche für wörtliche Zitate und geschweifte Klammern für eigene Gedanken.

Rohtext

Journal: {Bedeutet der Begriff IT in Wissenschaft und Literatur dasselbe? Mir scheint, dass IT bezogen auf die Literatur viel freier und offener ist. Im Bereich der Wissenschaft gibt es aber Normen, dass IT stattfinden muss und wie sie zu kennzeichnen ist. Wäre interessant, das zu vergleichen. Als Aufhänger? Und hat beides etwas mit kulturellem Gedächtnis zu tun?}

Exzerpt zu Feilke/Lehnen (2011, 34): „Die wissenschaftliche Intertextualität ist durch eine Explizitheitsobligation gekennzeichnet: Es ist vollständig und genau anzugeben, dass, wo und wie man sich auf Texte anderer bezieht." Ziel von IT: „Nachvollziehbarkeit und Überprüfbarkeit der Argumentation" und damit die Sicherung „wissenschaftlich zuverlässiger und intersubjektiver Erkenntnis"

Exzerpt zu Martinez (1996, 442): M. stellt unterschiedliche Konzepte von IT in der Literaturwissenschaft dar. „Der Autor wird zum Schnittpunkt von Diskursen, das intendierte Werk zum ambivalenten Text, an die Stelle der Intersubjektivität tritt die Intertextualität." {Super Gegensatz zur Def. im wiss. Bereich! Da soll die IT doch gerade die Intersubjektivität sichern. Oder bringe ich da Ebenen durcheinander?} IT als „Leitbegriff von Poststrukturalismus und Dekonstruktion". Hermeneut. und strukturalist. Konzepte von IT: Ein Autor bezieht sich in seinem Text bewusst und offensichtlich auf frühere Texte und die Leser sollen dies auch erkennen, um den Text zu verstehen

Durch Überarbeitung entsteht folgender Text, der Teil einer Hausarbeit zum Thema sein könnte; rechts finden Sie Erläuterungen der Überarbeitung:

Überarbeiteter Text

Sowohl in literarischen als auch in wissenschaftlichen Texten gibt es intertextuelle Bezüge, die Verbindungen zu bereits Geschriebenem und damit auch zum kulturellen Gedächtnis herstellen. Intertextualität wird für die beiden Bereiche jedoch unterschiedlich theoretisch diskutiert.

Umformulierung des Grundgedankens aus der Journalnotiz zur Einleitung

Für den Einsatz von Intertextualität in wissenschaftlichen Texten gelten klare Regeln, die Feilke und Lehnen mit dem Stichwort der „Explizitheitsobligation"[1] zusammenfassen: Alle Übernahmen müssen explizit gekennzeichnet werden. Als Ziel dieser Norm sehen sie, dass die wissenschaftliche Erkenntnis intersubjektiv nachvollziehbar ist.

Auswahl von Informationen, Formulierung in eigenen Worten, Literaturangabe in Fußnote

Gerade der Aspekt der Intersubjektivität wird in einigen literaturwissenschaftlichen Theorien zu Intertextualität aber in Frage gestellt. Martinez stellt unterschiedliche Auffassungen von Intertextualität dar. So verwende die poststrukturalistische Richtung den Begriff Intertextualität als Leitgedanken: „Der Autor wird zum Schnittpunkt von Diskursen [...], an die Stelle der Intersubjektivität tritt die Intertextualität."[2] Auf der anderen Seite sieht Martinez u. a. das hermeneutische Konzept von Intertextualität, nach dem sich ein Autor in seinem Text bewusst und offensichtlich auf frühere Texte bezieht und die Leser dies auch erkennen sollten, um den Text zu verstehen.[3]

Überleitung und Verbindung: Kennzeichnung der referierten Ansätze als Gegensatz

Auswahl von Informationen mit Blick auf den Vergleich, Kürzung eines wörtlichen Zitats, Auslassung mit [...] markiert

Diese Auffassung ist dem Verständnis, das Feilke und Lehnen für wissenschaftliche Texte haben, wesentlich näher als das der poststrukturalistischen Theoriebildung. Sie eignet sich für eine vergleichende Analyse der Intertextualität in literarischen und wissenschaftlichen Texten, weil sie konkrete Ansatzpunkte für eine Analyse zur Verfügung stellt.

Expliziter Vergleich der referierten Ansätze, Rückbezug zum ersten Absatz

Bewertung der referierten Ansätze mit Blick auf ihre Anwendbarkeit

---

[1] Feilke/Lehnen (2011, 34)
[2] Martinez (1996, 442)
[3] Martinez (1996, 442)

Abb. 12: Überarbeitung Mosaikverfahren

5.2.2 Lückentextverfahren: erst der eigene Text, dann die Literatur

Beim Lückentextverfahren schreiben Sie als erstes Ihren roten Faden und die Argumentationslinie Ihrer Arbeit nieder; dabei lassen Sie Lücken, die Sie später mit Informationen aus der Literatur, Zitaten und Literaturverweisen füllen.

Tipp

Probieren Sie das Lückentextverfahren aus, wenn Ihre Texte kritisiert wurden, weil Zitate unverbunden nebeneinander stehen. Konzentrieren Sie sich auch bei der Überarbeitung besonders auf den Textzusammenhang.

Vorgehen: Schreiben Sie zuerst Ihren eigenen Gedankengang und den roten Faden Ihres Texts auf – um im Bild des Mosaiks zu bleiben, den Kitt in den Fugen – ohne ständig in die Literatur oder in Ihre Notizen zu sehen. Hilfreich ist, wenn Sie sich dabei an einer Gliederung für Ihre Arbeit orientieren können. Wenn Sie wissen, dass Sie an einer bestimmten Stelle z. B. ein Zitat einfügen oder eine Theorie zusammenfassen wollen, die Ihnen gerade nicht präsent ist, lassen Sie eine Lücke und setzen einen Platzhalter, z. B. *hier das Zitat von Maturana einfügen* oder *hier den Photosynthesezyklus genau erläutern*. Sie können auch zuerst „freihändig" herunterschreiben, was Sie in Ihrer Arbeit sagen wollen, und erst in einem zweiten Schritt die Lücken markieren, die Sie mit Informationen und Belegen füllen wollen.

Tipp

Markieren Sie die Lücken bunt, versehen Sie sie mit einem Zeichen, das Sie sonst nicht in Ihrem Text verwenden (z. B. §, $ oder #), oder nutzen Sie Randbemerkungen. So können Sie die Textstellen bei der Überarbeitung leicht finden und mit der Suchfunktion Ihres Textverarbeitungsprogramms ansteuern.

Vorteile: Das Lückentext-Verfahren zur Erstellung einer Rohfassung hat folgende Vorteile:

- Sie bleiben beim Schreiben im Fluss und unterbrechen sich nicht ständig, um in der Literatur oder in Ihren Notizen zu blättern.
- Sie können einen Text entwickeln, der „aus einem Guss" ist, weil Sie sich beim ersten Schreiben ganz auf Ihren roten Faden und die Argumentation konzentrieren.
- Sie lösen sich beim Schreiben des eigenen Texts von der Struktur und den Formulierungen der Texte, die Sie gelesen haben, und konstruieren für die Informationen einen neuen Zusammenhang.

- Sie haben schon nach diesem Arbeitsgang ein Bild vom Ganzen Ihrer Arbeit vor Augen und die Befriedigung, einen eigenen Text geschrieben zu haben.

Mögliche Schwierigkeiten: Möglicherweise verlassen Sie sich zu stark auf Ihr Gedächtnis und arbeiten die gelesene Literatur nicht sorgfältig genug ein. Das kann z. B. dazu führen, dass Sie Informationen vergessen, die relevant für Ihr Thema sind, Zusammenhänge ungenau oder fehlerhaft darstellen oder unbeabsichtigt Gedankenplagiate begehen, weil Sie vergessen, die notwendigen Literaturverweise zu setzen.

Tipps für die Überarbeitung: Diese Fehler können Sie vermeiden, wenn Sie bei der Überarbeitung das Geschriebene mit dem Blick auf die Literatur überprüfen und die notwendigen Belege setzen. Planen Sie hierfür ausreichend Zeit ein, denn dieser Arbeitsschritt ist für die Genauigkeit eines wissenschaftlichen Textes entscheidend.

Inhaltlich-strukturelle Überarbeitung beim Lückentextverfahren

- Füllen Sie die inhaltlichen Lücken, indem Sie Ihre Notizen nutzen, wichtige Literaturstellen noch einmal lesen und, wenn nötig, nach zusätzlicher Literatur suchen.
- Überprüfen Sie Inhalte, bei denen Sie nicht sicher sind, ob Sie sie aus dem Gedächtnis richtig reproduziert haben.
- Prüfen Sie dort, wo Sie Inhalte aus der Literatur aus dem Kopf wiedergegeben haben, die Genauigkeit Ihrer Zusammenfassungen und fügen Sie die Literaturverweise ein.
- Sichten Sie Ihre Notizen oder die Texte, die Sie gelesen haben, damit Sie nicht einen Gedanken für den eigenen halten, der aus der Fachliteratur stammt.
- Fügen Sie dort, wo es sinnvoll ist, wörtliche Zitate ein.
- Prüfen Sie, ob Sie Ihren Text umstrukturieren müssen, damit Informationen, die Sie neu aufgenommen haben, und eigene Gedanken, die Sie erarbeitet haben, gut in die Argumentation integriert sind.

Einen Eindruck vom Lückentextverfahren können Sie aus dem folgenden Beispiel bekommen. Die Lücken in der Rohfassung sind mit dem Rautezeichen (#) markiert.

Rohtext

Der Begriff Intertextualität wurde von Genette geprägt. #Zitat, stimmt das?#. Intertextualität wird in literarischen und in wissenschaftlichen Texten untersucht. Dabei gibt es bei der Bewertung des Phänomens in beiden Textsorten große Unterschiede: In literarischen Texten kann es die Qualität des Texts nur erhöhen, wenn auf kreative Art und Weise die literarische Tradition verarbeitet wird. Bei wissenschaftlichen Texten geht es eher um die Frage, ob bestimmte Normen für die Einbeziehung von Texten eingehalten werden. #Wie, wo sind diese Normen zusammengefasst? Standop oder so? DFG-Statuten? Feilke/ Lehnen?# Das zeigt besonders die Aberkennung von Doktortiteln bekannter Politiker in den letzten Jahren #Wann? Wer?#

Durch Überarbeitung entsteht folgender Text, der so Teil einer Hausarbeit zum Thema sein könnte; rechts finden Sie Erläuterungen der Überarbeitung:

Überarbeiteter Text

Der Begriff Intertextualität wurde von der poststrukturalistischen Theo- — Korrektur einer Information und Ergänzung einer *retikerin Julia Kristeva eingeführt (vgl. Martinez 1996, 441). Intertex-* — Literaturangabe

tualität wird in literarischen und in wissenschaftlichen Texten untersucht. Dabei gibt es bei der Bewertung des Phänomens in beiden Textsorten große Unterschiede: In literarischen Texten kann es die Qualität des Texts nur erhöhen, wenn auf kreative Art und Weise die literarische Tradition verarbeitet wird. Bei wissenschaftlichen Texten geht es eher

um die Frage, ob bestimmte Normen für die Einbeziehung von Texten — Ergänzung von Informationen und einer *eingehalten werden. Feilke/Lehnen (2011, 34) fassen diese Normen mit* — Literaturangabe *dem Stichwort „Explizitheitsobligation" zusammen: Alle Übernahmen*

müssen explizit und eindeutig markiert werden. — Absatz, weil sich durch die Ergänzungen die Textstruktur geändert hat

Wie wichtig die Einhaltung dieser Regeln für wissenschaftliche Tex- — Auswahl und Ergänzung einer Literaturangabe; *te ist, zeigen Einführungen in das wissenschaftliche Schreiben, die Zi-* — neuer Gedanke, der *tierregeln sehr ausführlich darstellen (z. B. Standop/Meyer 2008). Ein* — durch das Lesen der *weiterer Hinweis sind die Skandale um Dissertationen von Politikern,* — Literatur entstanden ist *wie z. B. zu Guttenberg (2011) und Schavan (2013), denen vorgeworfen* — Ergänzung von *wurde, gegen die Normen für Intertextualität verstoßen zu haben. Von* — Informationen und Einbindung in die *Guttenberg wurde der akademische Titel aberkannt, Schavan legte in* — Argumentation; keine *ihrem Fall Berufung ein.* — Literaturangabe, weil es sich um allgemein bekannte Fakten handelt

---

Abb. 13 Überarbeitung Lückentextverfahren

5.3 Die passende Strategie auswählen

Die oben vorgestellten Strategien sind nicht die einzig möglichen und es gibt zahlreiche Mischformen zwischen ihnen. So könnten Sie z. B. das Mosaikverfahren einsetzen, um eine strukturierte Materialsammlung herzustellen, mit der Sie die Lücken in einer ohne Blick in die Literatur geschriebenen Rohfassung schnell füllen können.

Wann welche Strategie zum Schreiben mit Bezug auf Literatur am besten geeignet ist, hängt von unterschiedlichen Faktoren ab:

- **Menge der zu berücksichtigenden Literatur und Umfang der Arbeit**
  Je mehr Literatur Sie berücksichtigen wollen und je länger die Arbeit ist, die Sie schreiben, desto sinnvoller ist es, den Arbeitsprozess zu entzerren und die gelesene Literatur vor dem Schreiben intensiv aufzubereiten. Je überschaubarer Ihre Arbeit dagegen ist, desto eher können Sie schreiben, ohne zwischen dem Lesen der Fachtexte, dem Strukturieren Ihres Texts und dem Formulieren der gelesenen Inhalte zu trennen (Schreiben mit den Texten auf dem Schoß).
- **Vorlieben und Übung im Schreiben**
  Ganz allgemein gilt, dass Sie bei steigender Übung und großer Konzentrationsfähigkeit mehr Dinge gleichzeitig bewältigen können. Umgekehrt ist aber zu bedenken, dass die Textqualität steigen kann, je genauer Sie sich auf einen Aspekt der Arbeit konzentrieren.
- **Form, in der Sie die Literatur bearbeitet haben**
  Wenn Sie sich beim Lesen der Fachliteratur umfangreiche Notizen zu den gelesenen Inhalten und zu Ihren eigenen Gedanken gemacht haben, können Sie diese Textteile gut als Ausgangspunkt für das Mosaikverfahren nehmen. Umgekehrt eignet sich das Lückentextverfahren, wenn Sie wenig schriftliche Vorbereitung haben.
- **Thema und Stellenwert der Zitate in Ihrem Text**
  Je wichtiger wörtliche und konkrete sinngemäße Zitate für Ihren Text sind, desto praktikabler kann das Mosaikverfahren sein. Das heißt auch, dass Sie für unterschiedliche Teile Ihres Texts unterschiedliche Verfahren einsetzen können, je nachdem, was dominiert: der Bezug auf die gelesene Literatur oder die Wiedergabe eigener Gedanken und Ergebnisse.

Tipp

Machen Sie von Zeit zu Zeit eine Bestandsaufnahme, wie Sie beim Schreiben mit Bezug auf Literatur vorgehen und welche Verfahren Sie dabei einsetzen. Überlegen Sie, wie zufrieden Sie mit dem Arbeitsprozess und der Textqualität sind. Entwickeln Sie Ihre Arbeitsweise auf dieser Grundlage weiter, um sie immer wieder neu an die unterschiedlichen Anforderungen im Studium anzupassen.

So werden Sie immer mehr Sicherheit beim Schreiben mit Bezug auf fremde Texte bekommen und möglicherweise feststellen, wie befriedigend es ist, Fachliteratur zu lesen, mit eigenen Gedanken zu verbinden und zugeschnitten auf eine bestimmte Fragestellung zu formulieren.

Verzeichnis verwendeter Quellen

Viele der Lösungsvorschläge stammen von Studierenden, die an meinen Veranstaltungen teilgenommen haben. Ich danke ihnen für die Freigabe ihrer Texte, das Ausprobieren vieler der hier vorgestellten Übungen und Arbeitstechniken und all ihre Fragen. Für weitere inhaltliche Anregungen danke ich Imke Lange, Katrin Girgensohn, Kirsten Jüdt, Gabriela Ruhmann, meinen Kolleginnen am Schreibzentrum der Ruhr-Universität Bochum Anika Limburg, Katinka Netzer, Maike Wiethoff, Nicole Hinrichs und der Reihenherausgeberin Helga Esselborn-Krumbiegel.

Aus folgenden Quellen wurden Textpassagen oder Inhalte übernommen:

Boeglin, Martha (2007): Wissenschaftlich arbeiten Schritt für Schritt. Gelassen und effektiv studieren. München.

Böttcher, Ingrid/Cornelia Czapala (2002): Repertoires flexibilisieren. Kreative Methoden für professionelles Schreiben. In: Daniel Perrin/Ingrid Böttcher/Otto Kruse: Schreiben. Von intuitiven zu professionellen Schreibstrategien. Wiesbaden, S. 185-203.

Elbow, Peter (2008): The Believing Game – Methodological Believing. The Selected Works of Peter Elbow. http://works.bepress.com/peter_elbow/20, zuletzt abgerufen: 21.3.2013.

Esselborn-Krumbiegel, Helga (2008): Von der Idee zum Text. Eine Anleitung zum wissenschaftlichen Schreiben. 3., überarbeitete Aufl. Paderborn.

Feilke, Helmuth/Katrin Lehnen (2011): Wissenschaftlich Referieren – Positionen wiedergeben und konstruieren. In: Der Deutschunterricht 5/2011, S. 34-44.

Fliedl, Konstanze (2006): Verschreibungen. Ingeborg Bachmanns ‚Todesraten'. In: Davide Giuriato/Martin Stingelin/Sandro Zanetti (Hrsg.): „System ohne General". Schreibszenen im digitalen Zeitalter. München, S. 27-46.

Friedrich, Bärbel (2012): Leben aus Sicht der molekularen Biologie. In: Jörg Hacker/Michael Hecker (Hrsg.): Was ist Leben? Nova Acta Leopoldina NF 116, Nr. 394, S. 11-27.

Frank, Andrea/Stefanie Haacke/Swantje Lahm (2007): Schlüsselkompetenzen. Schreiben in Studium und Beruf. Stuttgart/Weimar.

Frohnen, Anja (2005): Diversity in Action. Multinationalität in globalen Unternehmen am Beispiel Ford. Bielefeld.

Galtung, Johan (1985): Struktur, Kultur und intellektueller Stil. Ein vergleichender Essay über sachsonische, teutonische, gallische und nipponische Wissenschaft. In: Alois Wierlacher (Hrsg.): Das Fremde und das Eigene. Prolegomena zu einer interkulturellen Germanistik. München, S. 151-193.

Garbe, Christine (2009): Lesekompetenz. In: Christine Garbe/Karl Holle/ Tatjana Jesch (Hrsg.): Texte lesen. Textverstehen – Lesedidaktik – Lesesozialisation. Paderborn, S. 13-38.

Haller, Max (2009): Die Europäische Integration als Elitenprozess. Das Ende eines Traums? Wiesbaden.

Keseling, Giesbert (2003): Schreibblockaden überwinden. In: Norbert Franck/Joachim Stary (Hrsg.): Die Technik wissenschaftlichen Arbeitens. Eine praktische Anleitung. 11., völlig überarbeitete Aufl. Paderborn, S. 197-222.

Klein, Susanne (2004): Es kmmot auf die Vrpunekacg an. Warum wir Texte verstehen, auch wenn sie unleserlich sind. In: Psychologie heute 2004/5, S. 12 f.

Kruse, Otto (2007): Keine Angst vor dem leeren Blatt. Ohne Schreibblockaden durchs Studium. 12., völlig neu bearbeitete Aufl. Frankfurt a.M.

Kruse, Otto/Gabriela Ruhmann (1999): Aus Alt mach Neu. Eine didaktische Hilfe zum Verknüpfen von Lesen und Schreiben bei der wissenschaftlichen Textproduktion. In: Eva-Maria Jakobs/Otto Kruse/Gabriela Ruhmann (Hrsg.): Schlüsselkompetenz Schreiben. Konzepte, Methoden, Projekte für Schreibberatung und Schreibdidaktik an der Hochschule. Neuwied, S. 109-121.

Lange, Otto L./Angelika Meyer/Isolde Ullmann/Hans Zellner (1991): Mikroklima, Wassergehalt und Photosynthese von Flechten in der küstennahen Nebelzone der Namib-Wüste. Messungen während der herbstlichen Witterungsperiode. In: Flora 185, S. 233-266.

Limburg, Anika/Sebastian Otten (2011): Schreiben in den Wirtschaftswissenschaften. Paderborn.

Martinez, Matias (1996): Dialogizität, Intertextualität, Gedächtnis. In: Heinz Ludwig Arnold/Heinrich Detering (Hrsg.): Grundzüge der Literaturwissenschaft. München, S. 430-445.

Nünning, Ansgar (2008) (Hrsg.): Metzler Lexikon Literatur- und Kulturtheorie. Stuttgart.

Ortner, Hanspeter (2000): Schreiben und Denken. Tübingen.

Rico, Gabriele L. (1984): Garantiert schreiben lernen. Sprachliche Kreativität methodisch entwickeln – ein Intensivkurs. Reinbek bei Hamburg.

Rogers, Carl R. (1972): Die nicht-direktive Beratung. München.

Saedler, Heinz/Wolfgang Schuchert (2012): Biologische Revolutionen im Pflanzenbau – Mutationen verändern die Welt. In: Jörg Hacker/Michael Hecker (Hrsg.): Was ist Leben? Nova Acta Leopoldina NF 116, Nr. 394, S. 201-215.

Schacter, Daniel L. (1999): Wir sind Erinnerung. Gedächtnis und Persönlichkeit. Reinbek bei Hamburg.

Schladt, Mathias (1997): Kognitive Strukturen von Körperteil-Vokabularien in kenianischen Sprachen. Köln.

Schoch, Friedrich (2006): Vereinbarkeit des Gesetzes zur Neuregelung der Flugsicherung mit Art. 87d GG. Berlin.

Schwing, Rainer/Andreas Fryzer (2009): Systemisches Handwerk. Werkzeug für die Praxis. Göttingen.

Sokal, Alan/Jean Bricmont (1999): Eleganter Unsinn. Wie die Denker der Moderne die Wissenschaften mißbrauchen. München.

Standop, Ewald/Matthias L. G. Meyer (2008): Die Form der wissenschaftlichen Arbeit. Grundlagen, Technik und Praxis für Schule, Studium und Beruf. 18., bearbeitete und erweiterte Aufl. Wiebelsheim.

Thomas, E. L. and H. A. Robinson (1972): Improving Reading in Every Class. A Sourcebook for Teachers. Boston.

Wolf, Maryanne (2009): Das lesende Gehirn. Wie der Mensch zum Lesen kam – und was es in unseren Köpfen bewirkt. Heidelberg.

Wolfsberger, Judith (2010): Freigeschrieben. Mut, Freiheit & Strategie für wissenschaftliche Abschlussarbeiten. 3., durchgesehene Aufl. Stuttgart.

Zum Weiterlesen

Brun, Georg/Gertrude Hirsch Hadorn (2009): Textanalyse in den Wissenschaften. Inhalte und Argumente analysieren und verstehen. Zürich.
  Das umfangreiche Buch kann eine sinnvolle Ergänzung sein, wenn die Textanalyse in Ihrem Fach eine wichtige Forschungsmethode ist und Sie eine theoretische Fundierung wünschen. Besonders nützlich: Analyse und Bewertung von Argumentationen.
Eco, Umberto (2005): Wie man eine wissenschaftliche Abschlussarbeit schreibt. 13. Aufl. Heidelberg.
  In diesem Ratgeber finden Sie Anregungen zur Systematisierung von Lesenotizen. Die Ordnungsprinzipien von Ecos Karteikästen lassen sich auch auf Literaturverwaltungsprogramme übertragen.
Esselborn-Krumbiegel, Helga: (2012): Richtig wissenschaftlich Schreiben. Wissenschaftssprache in Regeln und Übungen. 2., durchgesehene Aufl. Paderborn.
  Wertvolle Tipps zum Formulieren wissenschaftlicher Arbeiten mit Formulierungslisten auch zum Referieren und zur Einleitung wörtlicher Zitate.
Frank, Andrea/Stefanie Haacke/Swantje Lahm (2007): Schlüsselkompetenzen. Schreiben in Studium und Beruf. Stuttgart/Weimar.
  In diesem Ratgeber finden Sie u. a. sehr hilfreiche Tipps zur Themeneingrenzung, die eine Voraussetzung zur effizienten Bearbeitung von Fachliteratur ist.
Limburg, Anika/Sebastian Otten (2011): Schreiben in den Wirtschaftswissenschaften. Paderborn.
  Hier finden Sie u. a. Tipps für die Gestaltung eines Literaturüberblicks, die nicht nur für Arbeiten in den Wirtschaftswissenschaften nützlich sind.
Schindler, Kirsten (2011): Klausur, Protokoll, Essay. Kleine Texte optimal verfassen. Paderborn.
  Das Kapitel zum Exzerpt kann die Informationen zu diesem Buch gut ergänzen; nützlich ist es v. a., wenn Lehrende Ihnen die Aufgabe stellen, zur Seminarlektüre Exzerpte anzufertigen und abzugeben.
Schmitz, Wolfgang (2011): Schneller lesen – besser verstehen. Reinbek bei Hamburg.
  Auch wenn umstritten ist, ob sich die Blickspanne beim Lesen erweitern lässt, können Sie hier nützliche Anregungen bekommen. Setzen Sie sich

aber nie so unter Zeitdruck, dass Sie einen Text nicht verstehen! Sie riskieren sonst, das sichere Lesen regelrecht zu verlernen.

Stary, Joachim, Horst Kretschmer (1994): Umgang mit wissenschaftlicher Literatur. Eine Arbeitshilfe. Berlin.

Hier finden Sie u. a. nützliche Fragenkataloge zur Bewertung sozialwissenschaftlicher Publikationen.